W0233341

Anmerkung des Autors

Sie halten nun ein Buch in Händen, das erstmals „verstreute" Texte von mir zusammenfasst.

Dirk Kohl vom Weltbuch Verlag hat es sich zur Aufgabe gemacht, die streunenden Texte heimzuholen und in Buchform zu veröffentlichen. Die Texte sind vor und während Corona entstanden – die neue Zeitrechnung? – und setzen sich humorvoll-kritisch und poetisch mit dem Schulsystem, der Pandemie, unseren Kindern, Natur, Transhumanismus, Visionssuche usw. auseinander.

Die Texte rund um „Schorschi und seine Freunde" sind in diesem Zusammenhang eine (österreichische) Spezialität, denn diese entstanden spontan am Handy und erfreuten bis dato ausschließlich in den (a)sozialen Medien eine größere Leserschar. Einen enormen Zuspruch fand in diesem Zusammenhang der Text „Sind Sie geimpft? 82 Antworttipps auf eine unmögliche Frage".

„Fasst frischen Mut. So lang ist keine Nacht,
dass endlich nicht der helle Morgen lacht."

William Shakespeare
(1564 -1616)

GERALD EHEGARTNER

Gedanken in einer (w)irren Zeit

TIEFSINNIGE UND HUMORVOLLE TEXTE
ZU BRISANTEN THEMEN
UNSERER ZEIT

WELTBUCH

© 2022
WELTBUCH Verlag GmbH
Sargans/Schweiz

1. Auflage, Deutsch
Veröffentlichungsstart: 20. Januar 2022

ISBN 978-3-906212-94-4

www.weltbuch.com

Coverdesign und Buchsatz:
Dirk Kohl, Weltbuch Verlag

Alle Rechte vorbehalten

Hinweis zu den QR-Codes:
Wir haben bei einzelnen Beiträgen QR-Codes abgebildet, die Internetseiten mit entsprechenden Textbeiträgen und Videos öffnen. Wir können keine Garantie dafür übernehmen, dass die Inhalte dieser Links, speziell bei externen Anbietern, für immer abrufbar sind. Haftung für die Inhalte ist ausgeschlossen.

Inhalt

,

Ein ganzes Land als Schulklasse – oder die Rückkehr der Angst-Pädagogik in der Pandemie

Bei den Schreibarbeiten zu diesem Text kam niemand zu Schaden. So soll es auch beim Lesen sein. Ein etwas anderer Blickwinkel kann aber derzeit nicht schaden. Wenn sich jemand gekränkt fühlen sollte, dann bittet der Autor vorbeugend, nicht nachtragend zu sein, denn dies ist keineswegs die Absicht des Textes.

Der ewige Lockdown

Nun befinden wir uns gefühlt in einem sich selbst ewig verlängernden Lockdown, der nicht wenige bereits in ein Down lockte. Die Maßnahmen sollen noch härter werden. More of the same. Wir werden sehen. Vielleicht wird´s ja noch ein Stop-and-go.

Wenn dann die Frisörläden hoffentlich Sommer 2047 wieder dauerhaft ihre Pforten öffnen, benötige ich dringend einen Locken-down, denn die ewigen Corona-Dauerwellen spiegeln sich derweil in meiner Coronafrisur wider, die gerade noch für das Home Office geeignet zu sein scheint. Ich überlege mittlerweile, ob ich nicht das Feature „Mein Erscheinungsbild retuschieren" aktiviere.

Mein Bart ist auch brav rasiert, die FFP2-Maske fordert Tribut. Vorher sah ich einem Mann ähnlich, jetzt mit der Maske eher einer um Luft ringenden, gerade aufgetauchten Ente. Ich hoffe, meine Schüler erkennen mich wieder, wenn ich sie in der Schule irgendwann treffe.

Ich watschle mit meinem Lockdown-Gewicht und Locken-Gesicht zum Spiegel, überlege mit einer Mischung aus Amüsement und schleichendem Stechschmerz ob des Anblickes folgendes Gedankenexperiment:

Unser Land als Schulklasse

Wie wäre es, wenn wir unser Land mal als Schulklasse betrachten würden? Eine Schulklasse, die unsere Gesellschaft widerspiegelt. Alle Altersstufen, Geschlechter, Religionen usw. kommen ihn ihr vor. Die Regierung: Das wären dann die Pädagogen und die Klassenlehrer. Die Schulleitung repräsentiert übergeordnete Stellen. Nun kann ich mich noch sehr gut erinnern, dass ich bei meiner Ausbildung zum Pädagogen unzählige Male lernte, dass Angst – und Schuldpädagogik einer grauen Vergangenheit angehören würden. Differenzierung wäre das Maß der Dinge und eine neue Fehlerkultur wäre neben positiver Motivation Teil des pädagogischen Lern- und

Erfolgskonzeptes. In dieser pädagogischen Ausrichtung wären unsere Kinder und Jugendlichen Hoffnungsträger, junge Menschen, die als mündige Bürger in eine freie Demokratie begleitet werden sollten. Alles andere würde zu einem negativen Lernklima führen und das Lernpotential wäre gehemmt. Nun, wie sieht es derzeit aus? Haben wir diese „Lehrer mit Klasse" im doppelten Sinne?

Die großen Werte in Zeiten von Corona

Um gleich auf den Punkt zu kommen, ich beobachte Folgendes: Diese großen Werte wurden mit der Corona-Krise über Bord geworfen bzw. umgedeutet. Alte Werte sind das neue Maß. Das Kind wurde nicht nur sprichwörtlich, sondern buchstäblich mit dem Bade ausgeschüttet. Gleich zu Beginn der Krise fand sich das spektakuläre interne Strategiepapier der deutschen Regierung. Wenn wir bei unserem Vergleich bleiben, dann wäre dieses wie der neue „pädagogische Maßnahmenkatalog" des fiktiven Bildungsministeriums für unsere Schulklasse. Nun, was findet sich in diesem? Unter 4a werden „Worst-case-Szenarien" als Mittel der Wahl empfohlen. Qualvoller Erstickungstod, arbeiten mit Urängsten, Schuld am Tod der Großeltern usw. werden als pädagogische Schock-Maßnahmen in diesem staatlichen Lehrplan beworben. Das Papier ist eigentlich eine verdeckte Wegkarte zum Traumatherapeuten der Wahl. Diese neuen Richtlinien spiegeln sich in den Unterrichtsmedien wider, die die Schüler, also wir alle, konsumieren.

Die medialen Beiträge richten nach unten, statt aufzurichten.
Und das stündlich, täglich – seit Monaten.

Die neue Expertokratie

Experten werden zu Rate gezogen. So viele, dass wir von einer Expertokratie der ewig selben Experten sprechen können. Gut, die Lage ist prekär. Die Schule kennt diese Vorgehensweise mit Expertisen nur allzu gut, besonders dann, wenn Experten ihre Einschätzung aus Elfenbeintürmen verkünden. Diese sprechen nun aber keine tröstlichen Worte, sondern Monate hindurch wiederkehrende drostliche. Und natürlich irgendwie weltfremde. Eine einzige tröstliche Botschaft in all den Monaten? Fehlanzeige. Ausschließlich drostliche.

Ich merke meine Sehnsucht nach positiven, differenzierten Beiträgen, nach denen ich mich recke und streecke. „Bist du noch bei Drosten, Gates noch?", muss ich mir daraufhin von empörten Mitbürgern anhören. In der Klasse herrscht ausschließlich Frontalunterricht. Keine Differenzierungsmaßnahmen mehr. Klassenfahrten, Praktika, Sprachreisen, Schullandwochen usw. werden gestrichen. Andere Klassen dürfen nur in Ausnahmefällen besucht werden. Besonders über die Schwedenklasse lästert man. Die Klassenkassa dünnt langsam aus. Der Kompetenzkatalog wird gerade noch abgehakt. Immerhin sollen wir noch funktionieren.

Ab nach Hause!

Aufgrund der Gefahr für die älteren und vorbelasteten Schüler werden nun alle Schüler nach Hause geschickt. Fernlernen ist angesagt. Eine ältere Klassenkollegin meint: „Warum bleiben die Jüngeren nicht hier? Ich hab nichts davon, wenn die auch alle nach Hause müssen.

Außerdem fehlt dann Geld in der Klassenkassa." Ihre Wortspende wird als unsolidarisch und zu wirtschaftsfreundlich abgeurteilt. Jeff, der mittlerweile die Schulbücherei und vieles mehr übernommen hat, lächelt, während er seine Bezos zählt. In die Klassenkassa zahlt er nichts ein. Wenn wir zu Hause brav sind, dann kommt auch das Christkind und später der Osterhase, wird uns erklärt. In Österreich werden sogar Babyelefanten zum Abstandhalten verschenkt. Später gilt der Bildungsminister als genormtes Abstandsmaß. Ein „Faßmann" ist dann gleich so viel wie zwei Meter. Zwei Meter Abstand? Echt? Ich genehmige mir einen Flachmann.

Testen, testen, testen!

Weiterhin lernen alle dasselbe. Differenzierung zählt nun als unsolidarisch, das „Über-einen-Kamm-scheren" als die neue Solidarität. Wer besonders heftig Angst verspürt, gilt ab jetzt als empathisch und wird hervorragend benotet. Generell dominiert nun, was in der Schule schon seit einigen Jahren gelebte Praxis ist: testen, testen und nochmals testen. Flächendeckend. Nach PISA nun der PCR-Test. Nach OECD nun WHO. Klassenrankings werden auf Dashboards im Dauertakt in den leitenden Unterrichtsmedien veröffentlicht. Die Tests sind teuer, die Stäbchen der neue Maßstab.

Umkehrung der Werte

Negativ gilt plötzlich als positiv. Die alten Werte sind die neuen. Die ehemals hinten rechts Sitzenden kämpfen zur Überraschung der Freiheitsliebenden aggressiv für Grund- und Präsenzrechte. Die Kritischen, die früher gerne friedlich links vorn neben dem offenen Fenster saßen, müssen in Zukunft auch bei denen hinten rechts sitzen, meinen die Lehrer. Moralisch sich upgradende Denker lesen nun ausschließlich Leitmedien. Die Welt ist kehrvert. „Sie sind mit Abstand die beste Klasse!", läuft als Werbeslogan über die Bildschirme. Vor einem Jahr wäre diese Aussage noch positiv konnotiert gewesen. Jetzt isoliert uns diese Botschaft. Noch dazu kein Singen, Tanzen, Umarmen, laut Lachen, Feiern. Ein „Aerosolemio" – und schon schwingen sich die Aeorosole zu einem Tröpfchencluster hoch.

Ökonomisierung der Schule

„Wir sollten das lehren, was uns von Robotern unterscheidet", hatte Jack Ma einmal gemeint, als er noch seine Meinung sagen durfte, ohne untertauchen zu müssen. Oder untergetaucht zu werden... Die Klasse, ja die ganze Schule wird ökonomisiert. Neue Leute geben den Ton an, wie die personifizierte Daueralarmglocke von Charité. Oder Bill, der neue Freund, der große Bruder und reiche Onkel. Er kennt sich bei Viren aus. Durch sie lassen sich nach Resets immer wieder neue, beherrschende Betriebssysteme verkaufen und implementieren. „Kann man Freunde kaufen?", will jemand beim Fernlernen über Teams wissen, das irgendwie auch zu Bill gehört. „Nein, keine echten. Aber dafür den Titel Menschenfreund." „Kann man dann noch in den Spiegel schauen?" „Oja, für 2,5 Millionen Dollar. Kein Problem."

Die Mutation zum Virenträger

Die Jüngsten unter uns mutierten sogar vom Hoffnungs- zum Virenträger. Sie leiden, meist stumm. Selten an der Krankheit, oftmals an der Angst, Schuld und Einsamkeit. Sie tragen den Lockdown mit. Und sie tragen die Gesundheits-, die Schulden- und die Umweltlast. Zumindest in der Zukunft. Hoffentlich sind sie dann nicht nachtragend. Vorbeugend werden sie jedenfalls zuhause gelassen, viel zu viele finden sich jetzt in einem psychischen Knockdown wieder. Die Schulpsychologie muss immer wieder triagieren.

"Wie das Verlassen des Beichtstuhls empfinden einige das
Gefühl nach einem negativen Corona-Test.
Negativ ist gleichbedeutend mit einem sündenlosen Körper."

Sind Virologen auch mutiert – zu unseren neuen Ho-hepriestern im weißen Kittel in heiligen Laboren, das patentierte Orakel namens PCR-Test befragend? „Wenn ich das Orakel mehr als dreißig Mal befrage, erhalte ich ziemlich sicher eine positive Antwort", erklärt Robert, der gerade seine eigene Suppe in seinem Labor kocht.

Die Fehler-Politik

Stündlich erfahren wir, welche meist älteren Klassen-kollegen wieder verstorben sind. Es ist sehr traurig. Das Durchschnittsalter beträgt über 80 Jahre, aber natürlich sterben manchmal auch Jüngere. Wir konzentrieren uns im Unterricht auf Todesfälle und Erkrankungen. Es ist beängstigend. Ich weiß noch, wie vor Jahren an den Schulen begonnen wurde, bei Tests die korrekten Ergeb-nisse zuerst auszuweisen, danach die Fehler. Unsere Co-rona-Lehrer aber wurden von der Direktorin mit einem säuerlichen Lächeln angewiesen, ausschließlich die Feh-ler zu veröffentlichen. Die korrekten Antworten werden ausgeblendet. Die Verbesserungen auch. Alles wird von einem Experten – ich nenne ihn mal Johns – auf einer speziellen Tafel, einem sogenannten Dashboard, inter-national ausgewiesen.

"Die Fehler wachsen und wachsen.
Der Ausblick ist düster."

Positives Denken und Optimismus gelten mittlerweile als psychische Erkrankungen. Bei Fehlverhalten werden nun auch die Mitschüler jedes Alters angehalten, dies unverzüglich der Schulleitung zu melden.

Ein neues Schulfach wird eingeführt: Virologie

Ökologie, Psychologie, Soziologie, politische Bildung, Geschichte werden vom Lehrplan gestrichen. Neue Wissenschaftlichkeit nennt sich dies. Orchideenfächer wie Musik, Sport und Werken werden abgeschafft. „Sind die alle verwirrt? Das ist doch ein lupenreiner Tunnelblick", findet ein Klassenkollege. „Wir sind alle schon ver-virt", gebe ich bei der Videokonferenz zur Antwort. „Bald haben wir einen Lach-down." Der Lehrer verwarnt mich, als ich noch von „Wirr-ologie" und vom Wirt rede, den ich dringend brauche wie ein Virus. Als ich dann behaupte, Corona wäre mittlerweile mehr Spaltpilz als Virus, beschimpft er mich als Verschwörungstheoretiker und stummt mich. Der Lehrer erklärt dann noch, dass die Grippe heuer keine Chance habe. Ein Schüler, der ihn daraufhin „Influenza-Leugner" nennt, wird auch gestummt. Eine Klassenkollegin, die gesteht, dass das Unter- und Nachrichten sie nach unten drücke, drückt der Lehrer weg. Neue Toleranz und Liberalität nennt er dies später. Da eh alles verdreht zu sein scheint, verdrehe ich die Buchstaben von Pfizer und öffne den Drehverschluss von meinem Zipfer (sehr gutes, österreichisches Bier; Anm. d. Red.).

Unter-richten statt aufrichten

Eine Zeitung im Süden Deutschlands interviewt Bill. Er freue sich schon auf die nächste Pandemie, meint er. Zehnmal stärker werde sie. Ich sehe ihn lächeln. Wieso weiß er das? Die neue Realität also. Unterrichten statt aufrichten. Das neue pädagogische Konzept. Wer dagegen aufbegehrt, gilt als empathielos und intelligenzfrei. Außerdem wären Menschen schlechte Wirte. Technokraten würden uns schon in optimierte Maschinen verwandeln, dann hätten wir das Potential, auch Computerviren zu tragen. Neuroverlinkte Doppelvirenträger. Schöne, neue Welt. Die neue Normalität. „Wir müssen einfach besser zurückbauen", meint der Klaus vom Schulforum. Er ist wieder mal in eine Besprechung geschwabt.

Ausblick

Zum Schluss aber wagen wir doch einmal einen unverschämt positiven Blickwinkel: Stellen wir uns vor, die Pädagogen und Experten führen uns statt in den Nebel in das Leben.
Vielleicht haben sie das Wort Nebel nur verkehrt herum gelesen, weil gerade alles etwas kehrvert läuft? Sie haben

ab jetzt bei allen Maßnahmen die Verhältnismäßigkeit im Auge, ohne zu verharmlosen. Sie geben ermutigende Ziele vor und glauben an die Schüler. Neue Experten erscheinen auf den Bildschirmen. Nicht mehr jene, deren Botschaft auf uns hereinprasselt wie ein mitleidloser lauter Bach, uns in Formation bringend. Sie begeistern uns für eine achtsame, gesunde und ökologische Lebensweise und sehen die Krise als Chance. Sie wissen:

"Wir sind freie Wesen mit unantastbarer Würde."

Sie erklären, wir sollten den Wirt heilen und nicht das Virus bekriegen. Sie wissen auch um die Weisheit des ungesicherten Lebens. Die neuen Lehrer lassen die Jüngeren unter uns wieder leben und schützen die Älteren besser und transparenter als die Monate zuvor. Sie leben Differenzierung, Pädagogik ohne Angst, positives Denken, wertschätzende Beurteilungen. Sie halten Versprechungen ein und sehen die Jüngsten als Hoffnungs- statt Virenträger.

Ich sehe vor meinen Augen die derzeitigen Pädagogen – und male mir aus, ob sie das schaffen. Mir wird schwarz vor Augen.

Vielleicht könnte eine verpflichtende psychotherapeutische Begleitung für diese Pädagogen helfen. Behandeln wir nicht ständig psycho-therapeutisch sowieso die Falschen? Vornehmlich jene, die an den kranken Maßnahmen erkranken? Bevor wir die Pädagogen in diesem Beispiel therapieren – sollten wir uns nicht davor noch schnell von den Psychopathen verabschieden und diese isolieren? Wie wäre es mit Psychopathen-Tests bei unseren Lehrern? Wahrscheinlich ist der neue Anal-Abstrich aus China für solche Tests gedacht. Vielleicht bräuchten wir dann kaum noch Therapien, da zu viele Ärsche positiv auf den Psychopathen-Test getestet würden. Dann bekommt die „Heimquarantäne" auch wieder eine andere Bedeutung. Und sogar die Spritze.

Auf einen neuen Weg raus aus dieser Krise!

Mit dem alten Richten nach unten wird´s ganz sicher nichts. Mit den alten und echten Rechten, die nach Freiheit grölen und das Recht mit Füßen treten, auch nichts. Und was machen wir, wenn die jetzigen Pädagogen weiterhin nicht als gute Hirten taugen? Wir führen uns selbst aus dem Sumpf und richten uns auf. Wir verzichten auf Lehrkräfte, die nach unten richten. Wir lernen aus eigener Kraft. Wir wissen die Richtung. Die Reise beginnt mit dem Selbstwert. Die neue Pädagogik ist unser Kompass. Und bei dieser begleiten in Zukunft die Lehrer nur mehr. Sie richten nicht. Höchstens auf!

Lachen ist die beste Medizin – auch in der Schule!

Wie viel hatten Sie in Ihrer Schulzeit zu lachen? Gab es Lehrer/innen, die Sie regelmäßig zum Lachen brachten, bei denen der Lehrstoff humorvoll aufbereitet wurde?

Woran liegt es, dass Schule von vielen so tierisch ernst genommen wird?

Nimmt sich das System Schule vielleicht ein wenig zu ernst? Die Bezeichnung Schule kommt vom griechischen Wort *Schola* und bedeutet interessanterweise Nichtstun, Müßiggang, freie Zeit. Vielleicht sollten wir uns gerade in der dunkelsten Zeit des Jahres diesen Aspekt vor Augen führen und nicht in die Falle tappen, alles Mögliche noch schnell vor Weihnachten und Neujahr erledigen zu wollen.

Gerade jetzt, wo alle Lebewesen außer dem Menschen leiser treten, laufen wir Gefahr, nochmals so richtig durchzustarten. Aber fahren viele von uns nicht schon zu lange im „roten Bereich"? Kann dies natürlich und gesund sein, ständig hochtourig unterwegs zu sein? Gönnen wir uns doch die Zeit, wirklich ein wenig leiser zu treten – auch an den Schulen! Entdecken wir wieder die menschliche Wärme, während es draußen kälter und dunkler geworden ist!

Ein ganzes Jahr Vollgas zu fahren – das geht an die Ressourcen unseres Körpers,

unserer Psyche – aber auch an die Ressourcen unseres Planeten. Sich zurückzulehnen, die Sorgen und Ängste einmal abzustellen und kräftig durchzuatmen – wer bräuchte das nicht in einer von Menschen geschaffenen Welt, die sich wie eine große Maschine das Leben des Planeten einverleibt?

Das Leben zu genießen, sich mit Freunden zu treffen – und wieder mal herzlich zu lachen: Wer hat nicht Sehnsucht danach? Während uns das Leben hetzt, die negativen Nachrichten uns noch den Rest geben, haben viele von uns die beste Medizin verloren: das Lachen.

Aber das Lachen braucht einen fruchtbaren Boden – es kann sich nur dort spontan entfalten, wo auch Leben ist. Inmitten der täglichen Hetze geht der Sinn für Humor und der Klang des Lachens verloren.

**Lebendigkeit wird durch Geschwindigkeit
eingetauscht und sogar mit ihr verwechselt.**

Der Begriff Lernen bezieht sich auf das germanische Wort
laisti, was so viel wie Fährte, einer Spur folgen bedeutet.

Um einer Spur zu folgen, benötigt es aber Zeit und Kon-
zentration. Um dem Leben selbst auf der Spur zu sein,
bedarf es wohl einer Zeitlosigkeit, die uns nur in der Gegenwart begegnet.
Also, entspannen wir uns und tauchen wir ein in eine
ewig neue Gegenwart. Dabei könnte vielen von uns helfen, das Smartphone wegzulegen, den Computer auszu-
schalten und einen Spaziergang in der Natur zu wagen.

Das Tempo der Informationsgesellschaft nimmt viele
von uns gefangen, die Zeit scheint eine immer knappere
Ressource zu sein.

Wenn wir aber aus einer Welt der Ressourcenausbeutung
aussteigen und in eine neue Welt der Potentialentfaltung
eintreten wollen, dann sind wir auch aufgefordert, das
Tempo zu zügeln. Wir leben in einer immer schneller
getakteten Welt, die die natürlichen Rhythmen negiert.

Jeder von uns besitzt seinen eigenen Rhythmus.

Wagen wir doch wieder mal ein Tänzchen zu diesem,
anstatt mit der immer schnelleren Taktung einer künst-

lichen Welt marschierend Schritt halten zu wollen. Und gerade in unsicheren Zeiten marschieren viele allzu gerne im Gleichschritt mit der Herde der Unbewussten. Wir aber könnten tanzen. Gerade, wenn alles auf wackeligen Füßen steht, ist es der Tanz des Lebens, der uns trägt – und nicht der Marsch des Todes.

Zu tanzen bedeutet aber auch, die Geleise eines vorbestimmten Lebens zu verlassen und verrückt zu leben. Verrücktheit ist ein wunderbarer Hebel, um wieder lebendig zu werden. Eine gesunde Verrücktheit verleitet uns dazu, vom Kopf ins Herz zu springen – den Kopfsprung ins Herz zu wagen.

In dieser Freiheit werden wir wieder unserem Lachen und unserer Lebendigkeit begegnen.

Nehmen wir uns also die Zeit für unser Menschsein – ob alleine oder mit Freunden. Vielleicht laden wir dabei auch eine besonders wohlriechende Fee ein: die Ka-Fee.

Möge es uns gelingen, aus dieser Zeit des Trubels auszusteigen und durchzuatmen. Während andere ihren Terminen hinterherjagen und ewig lange Listen abarbeiten, lehnen wir uns zurück und nehmen uns Zeit für Humor und Lachen. Sollte dies auch an der Schule gelingen, dann leben wir Schola im wahrsten Sinn des Wortes.

Selbstwert und Schule

Wie würde die Welt wohl aussehen, könnte jedes Kind mit einem großen Selbstwert die Schule verlassen?
Ich schreibe dies als Lehrer – und ich frage mich oft, welche Hebel die Schule eigentlich betätigen sollte, um die Gesellschaft als Ganzes in eine positive Richtung zu fokussieren.

Wäre es zum Beispiel nicht wichtiger, jedem Kind seinen ureigensten Wert erlebbar zu machen, als alle möglichen Kompetenzen innerhalb von wenigen Jahren abzufragen?

Ehrlich – mich nervt der Kompetenzkatalog, der langsam, aber sicher die Schulen in automatisierte Fabriken zu verwandeln droht. Es ist mir so was von sonnenklar, dass wir hiermit ein Instrument in Händen halten, das die Schüler vermessen und in den Markt einbinden möchte. So vermiest man ihnen letztendlich auch das Lernen.

Der Begriff Kompetenz wurde in der Wirtschaftswelt der 50er Jahre geboren,

um einen reibungslosen Unternehmensablauf zu beschreiben. Es darf einen nicht verwundern, dass in Zeiten des Neoliberalismus nun genau jener Begriff auch in der Schulwelt um sich greift. Mehr denn je vermessen und verpacken wir unsere Kinder für eine globale Kapitalismus-Maschine, die auf bodenlose Gier programmiert ist.

Wir machen sie zusehends zu Objekten – jedoch diesmal alles gut wissenschaftlich und pädagogisch korrekt getarnt, vielleicht auch noch mit coolen und lässigen Anglizismen beschrieben.

**Die Lehrer werden in diesem Prozess
auch schrittweise entmündigt.**

Dieser Vorgang ist schleichend und nicht immer sofort erkennbar.

Wollen wir aber starke Persönlichkeiten, die ihren eigenen Wert erkennen – dann „müssen" wir die Kinder als Subjekte sehen. Also, das glatte Gegenteil dessen, worauf das System Schule hinaus will (auch wenn bei Sonntagsreden mit großen Worten anderes behauptet wird).

Wollen wir die Größe der Kinder sehen können, dann sind wir geradezu verpflichtet, unsere eigene Größe anzunehmen. Damit meine ich nicht das kleine Ego, das ganz groß rauskommen will, sondern unsere wahre Größe. Und diese kann niemals zur Ware werden. Die eigene Größe anzunehmen ist ein Akt der Selbstliebe. Wir beginnen, uns in Demut selbst zu feiern.

Ich träume von einer Welt, in der wir die Ressourcen der Kinder nicht mehr ausbeuten –

sondern zu deren Potentialentfaltung beitragen. Das verlangt einen Wandel vom vermessenen und gehandelten Objekt hin zum Subjekt. Und dieses ist unantastbar für dieses Habenwollen, so wie die Würde eines jeden Menschen unantastbar ist. Es ist die Entwicklung vom Haben zum Sein, um es in den Worten von Erich Fromm auszudrücken.

Wir schreiten von der *„Verdinglichung"* hin zum *„Wesentlichen"* und Lebendigen.

Nicht umsonst hat Gerald Hüther die Würde als einen inneren Kompass beschrieben, der durch das Dickicht einer „verführenden" Objekt-Welt führt.

„Lebe nie unter deiner Würde", ruft Old Man Coyote der Hauptperson Noah in meinem Buch *„Kopfsprung ins Herz – Als Old Man Coyote das Schulsystem sprengte"* zu – und zitiert dabei Papst Leo, den Großen.

Ja, leben wir am besten nie unter unserer Würde und stellen wir unser Licht nicht unter den Scheffel. Denn dann öffnet sich unser Herz – und mit unserem Licht sehen wir das Licht, die Größe und Würde unseres Gegenübers. Letztendlich merken wir auch, dass es ein- und dasselbe Licht ist. Und als Lehrer unter-richten wir dann nicht mehr, sondern richten auf.

Meine Visionssuche

Während ich meinen Rucksack schultere und durch die wunderbare Natur des Mühlviertels (Österreich) wandere, merke ich wieder, wie wichtig es ist, dem Trubel der Welt hie und da zu entfliehen. Die Luft scheint zu flimmern, der Boden ist ausgetrocknet und der Schweiß tropft mir von der Stirn – doch ich gehe in meinem Tempo voran. Ich liebe es, mir Zeit für mich selbst, für das Leben zu nehmen.

Am Abend wähle ich nicht eine der Unterkünfte für Pilger des Johannesweges, ich beschließe im Freien zu übernachten. Irgendwann sitze ich auf einem Baumstamm, genieße den Sonnenuntergang und denke an die Zeit, als ich meiner Vision auf die Spur kam. Bilder steigen in mir hoch und mein Geist öffnet sich für die Eindrücke, die zwei Visionssuchen bei mir hinterlassen haben. Vieles hat sich seitdem in meinem Leben geändert. Ich schwelge in den Erinnerungen und tauche immer tiefer in diese ein...

Der herrliche Duft von verbranntem Salbei steigt mir plötzlich in die Nase. Ich bin an der Schwelle zu meiner ersten Visionssuche und aufgeregt. Meine beiden Guides sprechen Gebete und fächern mit Federn den Rauch von Salbei in mein Energiefeld.

Ihre Wörter klingen wie Beschwörungen aus fernen Zeiten – und doch so nah und vertraut.

Langsam verlasse ich die Schwelle, packe meinen Rucksack, zwei Wasserkanister und meine Unterlagsmatte. Die Plane habe ich noch in meinem Rucksack verstaut.

Für mehr ist nicht Platz. Nicht einmal ein Zelt sollte mit auf die äußere und innere Reise. Nur ich und die Wildnis. Sogar das Essen bleibt für die nächsten Tage im Base-Camp.

Ich schaue mich um. Death Valley hat seinen ganz besonderen Reiz. Obwohl es Ende Dezember ist, scheint an diesem Ort die Sonne kaum Kraft verloren zu haben. Der Höhepunkt der Visionssuche hat nun begonnen!

Wieder stehe ich an der Schwelle – diesmal in New Mexico. Ich habe mich entschieden, die Ausbildung zum Vision-quest-guide zu machen.

Zu sehr hat die erste Visionssuche mein Leben verändert. Ich bin zutiefst überzeugt von der Kraft dieses Rituals. Vieles hatte ich schon probiert – einiges hatte auch wunderbare Wirkungen. Nur – die Visionssuche, die ging tiefer als das meiste zuvor.

Mein Leben wurde buchstäblich transformiert. Ich marschiere hinaus in die trockene Wildnis von New Mexico, zwei Geier weisen mir den Weg.

Vier Tage und vier Nächte begebe ich mich wieder in diese Intimität. Keine Ablenkung – nur die Natur und ich, ganz allein. Kein Baum, der sagt: Tu dies und mach das. Keine Wolke, die meint, sie wüsste, was das Beste für mich sei. Die Natur spricht schweigend zu mir. Kein Aufdrängen, kein Raumnehmen – sondern endlose Weite. Ich bin mir wieder ganz nahe und stolpere über Kojote. Ein großes Lachen erfasst mich. Ich tanze – und keiner sieht mich. Ich weiß, was zu tun ist.

Zurück in Österreich, gründe ich mit unbändig-verrückter Kraft das erste Naturpädagogik-Wahlpflichtfach Österreichs, danach beginne ich an meinem Buch „Kopfsprung ins Herz – Als Old Man Coyote das Schulsystem sprengte" zu schreiben.

Old Man Coyote hatte es mir angetan. Nun ist der Heldenroman erfolgreich am Markt und man hat großen Spaß daran. Ich genieße es. Begonnen aber hat alles – bei meiner letzten Visionssuche in den USA.

Bei beiden Visionssuchen stand ich vor Übergängen. Einmal in puncto Familie und das zweite Mal vor einer beruflichen Veränderung.

Der vielleicht größte Übergang im Leben – abgesehen vom Tod –, das ist aber wohl jener, wenn wir erwachsen werden. Und genau hier an diesem Punkt, an dieser Schwelle – wo sich alles neu zu drehen beginnt –, da bieten wir als Gesellschaft für die heranwachsende Generation kaum etwas an. Die Firmung bzw. Konfirmation scheint ein Restritual zu sein, das in sich einen wunderbaren Geist tragen würde. Nur gelingt es auch hier meist nicht, die Jugendlichen abzuholen und einen kraftvollen Mentor während der Initiation an die Seite zu stellen.

So überlassen wir die Jugendlichen einer zufälligen und von zu vielen äußeren Faktoren abhängigen Reifung. Viele werden niemals reif. Sie stolpern in ihr Erwachsenen-Leben, ohne je bewusst die Schwelle gespürt zu haben. Manche rotten sich in Gangs zusammen – und erfinden Rituale, gefährliche Rituale, denen die Weisheit fehlt. Andere organisieren sich in „Peer groups", denen es an Kraft fehlt.

Die Suche und das Finden der eigenen inneren Wahrheit, der eigenen Träume verblasst im Lärm der täglichen Inputs einer immer schneller taktenden Informationsgesellschaft.

Die Visionssuche bietet sich hier als ein wunderbares Übergangsritual an. Sie lädt ein zu einem tiefen Spüren des eigenen Wesens, des eigenen Weges. Sie macht frei von den Erwartungen anderer, Fremdbestimmungen können losgelassen werden – und der eigene Weg erscheint kraftvoll vor dem inneren Auge.

Nur – will man überhaupt kraftvolle junge Menschen, die sich der eigenen Träume, der eigenen Vision und Mission bewusst sind? Oder will man nicht eher Konsumenten, die, betäubt vom Überangebot und der Beliebigkeit, die Maschine am Laufen halten?

Es gibt sie aber – die wenigen Angebote für Jugendliche, um in der Natur, in der Wildnis sich selbst zu entdecken. Hier sind Erwachsene Mentoren im besten Sinne. Sie begleiten kraftvoll, ohne zu gängeln. Der wahre Lehrer ist die Natur und die innere Führung des Jugendlichen.

Erwachsene Mentoren begleiten und schützen nur den Prozess der Verpuppung der Raupe und des Schlüpfens des Schmetterlings. Es ist fantastisch, dass mittlerweile ein paar wenige Schulen freiwillige Angebote zur Visionssuche bzw. zu „Walk aways" geben.

„Wenn wir nicht unsere Jungs initiieren, dann werden sie unser Dorf niederbrennen, nur um die Hitze zu spüren" – ist ein afrikanisches Sprichwort, das einen wichtigen Punkt von Initiationsriten beschreibt.

Gerade auch Jungs wollen die Hitze ihrer eigenen Seele, ihres Auftrages in der Welt tief spüren und leben.

Wenn wir sie nicht die Fackel ihres eigenen Lebens tragen lassen, dann besteht die Gefahr, dass sich ihre männliche Kraft gegen die Gesellschaft richtet. Bei einem Blick auf die Lage der Welt muss man wohl anerkennen, dass zu viele Männer nicht initiiert sind. Ihre kindlichen Aggressionen sind derzeit dabei, in erwachsenen Körpern den Planeten in schwerste Bedrängnis zu bringen.

Und so ist es geradezu eine Notwendigkeit, die Kraft der Initiation wieder zurückzuholen in unsere technokratische Welt, die meint, alles selbst steuern zu können.

Gerade die Schule ist aufgerufen, für den Planeten und die Seelen der Kinder einzutreten – und nicht bloß Material für eine Wirtschaftsmaschinerie zu liefern, die drauf und dran ist, erstmals in der Menschheitsgeschichte den Planeten zu ruinieren.

„Erwachsen werden in der Wildnis" war der großartige Dok-Film, der mich zu meiner ersten Visionssuche inspirierte. Erwachsen werden in der Wildnis – ein ganz besonders kraftvoller Weg ins Erwachsensein.

Es ist an der Zeit für einen Paradigmen-Wechsel von der Ressourcenausbeutung zur Potentialentfaltung.

Die geheimnisvolle Mutation vom Hoffnungs- zum Virenträger

Ein außergewöhnliches Schuljahr ging zu Ende und ich blicke mit etwas Sorge dem neuen Schuljahr entgegen. Mich stimmt seit dem Lockdown im März eines besonders nachdenklich.

Kinder und Jugendliche galten in grauer Vorzeit einmal als Hoffnungsträger der Gesellschaft. Nun hielten sie am Ende des Jahres Zeugnisse in Händen, auf denen eigentlich der Stempel „Virenträger" zu finden sein sollte.

Nicht anders ist zu erklären, warum exakt die Generation, die sich zwar mit dem neuartigen Coronavirus infiziert, aber kaum daran erkrankt, in eine Art Geiselhaft genommen wird.

Spätestens ab dem Kindergarten ist das Immunsystem der kleinen Hoffnungsträger verschiedensten Infektionen ausgesetzt. Würden wir bei jedem grippalen Infekt, jedem Schnupfencluster den Betrieb der Bildungseinrichtungen herunterfahren, dann wären Bildung und das soziale Netz massiv in Mitleidenschaft gezogen.

Nun haben wir es aber mit einem Virus zu tun, dessen Risikogruppe exakt am anderen Ende der Altersskala zu finden ist. Nur einer von 90 Clustern entstand österreichweit in einer Schule und lediglich ein einziges Mal wurde ein Kind zum „Quellfall".

Warum also werden den Kindern und Jugendlichen Bildungschancen, Möglichkeiten des gemeinsamen Feierns und Gestaltens entzogen?

Österreichweit fielen bei den meisten, die ein Abschlussjahr absolvierten, nicht nur Feierlichkeiten aus, sie hatten seit Mitte März keinerlei Kontakt zur anderen Hälfte der Klasse. Schüler stolperten in die Ferien, ohne sich nach vier oder fünf Jahren von Klassenkollegen verabschieden zu können.

Ausflüge jeglicher Art wurden im Vorfeld sowieso verboten. Hier hätte es zumindest differenzierter Lösungen bedurft. Praktika, Schullandwochen, Aufenthalte als Aupair, Auslandsstudien und vieles mehr waren für die junge Generation nicht mehr möglich.

Was lernen wir daraus? Kinder und Jugendliche haben in Wahrheit keine Lobby. Ohne die Generationen gegeneinander ausspielen zu wollen, muss uns eines klar sein: Die Kinder erben die Schulden- und Umweltlast von uns. Nun werden sie als „Nicht-Risikogruppe" auch dazu verdonnert, die „Gesundheitslast" für andere zu tragen.

Ich bin sehr offen für zukünftige Homeoffice-Modelle mit Schülern (z. B. 4 Tage Präsenzunterricht, 1 Tag zuhause), die das leisten können.

Nur das zu befürchtende zukünftige Rauf- und Runterfahren von Spiel- und Lernorten, um diejenigen zu schützen, die sich leider oftmals auch selbst nicht schützen, finde ich schlichtweg empörend.

Wohin gehen wir als Gesellschaft, die als Erstes auch bei Kindern Berührung, Bewegung, Tanzen, Singen und Feiern verbietet – elementare Ausdrucksformen, die uns zu Menschen machen?

Warum gibt man internationalen Organisation wie der OECD (Pisa-Test) und der WHO einen dermaßen großen Einflussraum auf das Leben von Kindern und Jugendlichen weltweit?

Und eines sollen wir vielleicht auch bedenken: Das bis vor kurzem viel gescholtene und seit kurzem auch gelobte Schweden, das Kindergärten und Pflichtschulen geöffnet ließ und keine Maskenpflicht einforderte, hat von Anfang März bis August mit seinem Sonderweg eine „Covid-19-Todesrate" von 0,056 % (an und mit Corona-Verstorbenen) zur Gesamtbevölkerung (Belgien 0,086 %, GB 0,07 %).

Der wirtschaftliche und soziale Einbruch konnte hier abgefedert werden. Und Schweden zeigt glasklar, dass wir es nicht mit einer Pandemie im Ausmaß einer spanischen Grippe oder Pest (geschätzte Mortalitätsrate im Mittelalter von 30-40 %) zu tun haben.

Würden wir aber der Logik der momentanen Denke folgen, dann müssten wir – zugespitzt formuliert - wegen des Todes das ganze Leben herunterfahren. Nur, wollen wir das wirklich?

Geben wir den Kindern und Jugendlichen doch wieder ihre Freiheit zurück und sehen in ihnen die Hoffnungsträger für eine bessere Welt, während wir jene der Risikogruppen schützen, die auch geschützt werden wollen!

Die Ökologie des Lernens

Als ich vor ein paar Jahren noch zur Schule ging, interessierte es kaum jemanden, wie erfolgreich das Schulsystem in Finnland oder in Südkorea war. Erst mit der Globalisierung und dem immer stärker werdenden Wettbewerb begann man, Bildungssysteme zu vergleichen.

Nun sind wir an einem Punkt angelangt, wo gerade die Bildung als Garant für die internationale Wettbewerbsfähigkeit gilt. Vergleichstests, Rankings, Messungen und Kompetenz-Checks sollen die Antworten auf viele Fragen geben. Das organisierte Lernen soll ständig effizienter werden.

Schüler laufen deswegen seit Jahren Gefahr, immer stärker in die Denke der neoliberalen Verwertbarkeit eingespeist zu werden – um letztendlich als nützliche Produkte auf einem umkämpften Markt zu landen. Die freie Entfaltung, kritisches Denken, Kreativität usw. geraten ins Hintertreffen – sie gelten auch als kaum messbar.

Die Folge ist Stress, immer mehr Schüler und Lehrer schlittern in Burn-outs, Schüler verweigern sich dem Schulsystem usw. Die Intensivierung, „Industrialisierung" und Internationalisierung der „Schul-Wirtschaft" hat ihren Preis.

Ich muss dabei unweigerlich an die Intensivierung der Landwirtschaft denken.

Jahrzehntelang galt sie als Beleg dafür, wie sehr der Mensch die Leistungen der Natur verbessern konnte. Monokulturen, Düngemittel, Unkraut- und Schädlingsvernichtungsmittel, neue Züchtungen und nicht zuletzt die Gentechnik garantierten eine Steigerung des Ernteertrags um ein Vielfaches. Die Industrialisierung schien Wunder zu wirken, die Geldkassen einiger weniger Konzerne klingelten kräftig. Nun stehen wir vor einem Desaster.

Der ehemalige Traum von der Leistungs- und Profitmaximierung im Ernährungssektor weicht immer mehr einem Alptraum. Viele Böden gelten als unfruchtbar, Nutztiere, die wie Waren behandelt werden, leiden immens, Insekten und viele Vogelarten steuern einem Kollaps zu.

Besonders das Sterben der Insekten lässt Biologen erschauern, stehen sie doch am Anfang der Nahrungskette und sind für die Fortpflanzung unzähliger Pflanzenarten maßgeblich.

Wird die Schule nicht von derselben Denke immer stärker erfasst? Sind unsere Schulen nicht auch Monokulturen, in denen wir denselben Typ Schüler – benötigt von einer oftmals auch lebensfeindlichen Wirtschaft – produzieren wollen?

Setzen wir nicht auf unnatürliche Lernräume? Verlieren wir nicht auch die „Biodiversität" an Schülerpersönlichkeiten bei dem Versuch, Schule mess- und handelbar zu machen? Füttern wir unsere Schüler nicht auch mit „pädagogischen Fertigprodukten"?

Und gehen nicht auch Lebensräume der Seelen-Landschaft verloren, die Wildheit des ursprünglichen Lebens, die Artenvielfalt an Potentialen?

„Diese Menge an eingesperrten Tieren, von deren Ressourcen wir zehren – ist das nicht ein Sinnbild für unsere Art zu leben?", findet sich als Hinweis in meinem Buch „Kopfsprung ins Herz – Als Old Man Coyote das Schulsystem sprengte". Dieses Bild darf auch auf die Schule umgelegt werden.

„Wir haben die Wahl: Entweder wir produzieren gleichgeschaltete Massenware in unseren staatlichen Bildungsfabriken oder wir gewähren Autonomie an den Schulen vor Ort. In den Bildungsfabriken können Schüler, Eltern und Lehrer wenig bestimmen. Didaktische und pädagogische Freiheit ist dort nur ein inhaltsleeres Schlagwort. Und nun will man auch die Lehrer-Schüler-Beziehung kappen. Lehrer werden zu Gehilfen eines Prüfungssystems, bei dem alles vorgegeben ist, wie bei den Tieren in den Mastställen ...", ist weiter zu lesen.

So laufen wir Gefahr, dass viele bunte Vögel aus unserer Gesellschaft verschwinden, wenn wir auf diese Art und

Weise vorgehen. Ressourcenausbeutung statt Potential-entfaltung steht im Raum.

Es geht jedoch um das Leben selbst, um eine neue „Erd-Demokratie" und nicht um die Nutzbarmachung des Lebens. Wir brauchen keine Kinder als Nutztiere, wir brauchen freie Kinder, die sich in einem förderlichen Umfeld individuell entfalten dürfen.

In diesem Sinne ist eine menschliche Revolution viel eher gefragt als eine weitere technische, um in Wahrheit ein lebensfeindliches System zu retten. Also, wagen wir den Kopfsprung ins Herz – und tanzen wir verrückt von den Schienen eines begradigten Lebens.

Auf das Leben!

Offene Worte eines Lehrers zum fehlenden Mitgefühl und Schutz für Kinder und Jugendliche in der Pandemie

Wie konnte es nur so weit mit uns kommen ... dass wir uns nicht für unsere Schüler einsetzten und sie nicht schützten? Sie nicht schützten vor einem Staat, der immer übergriffiger wurde und wird?
Nach Pflichttests, Masken, Abstand, Lockdowns, Fernlernen usw. geraten unsere „Schützlinge" nun immer stärker in den Fokus der Impfpolitik. Kinder und Jugendliche sind von Corona selbst kaum betroffen, werden aber verstärkt als Bedrohung geframt.

Liebe Kolleginnen und Kollegen, wie lange spielen wir hier noch mit? Wie lange drehen wir uns mit unserer Gewerkschaft noch um uns selbst, ohne zu bemerken, dass viele Kinder und Jugendliche an Maßnahmen leiden, die als alternativlos verkauft werden.

Die einzigen Triagen in dieser Pandemie fanden in Kinder- und Jugendpsychiatrien statt. Lässt uns das etwa kalt? Zucken wir bloß mit den Achseln? Treibt man nun auch die Jungen und Jüngsten im Namen der Solidarität und Gesundheit in das größte Impfgeschäft der Geschichte? Merken wir Lehrer nicht mehr, was hier läuft?

Wir feiern Pippi Langstrumpf und wünschen uns brave Schüler, wir lesen mit ihnen „Die Welle" und schlittern parallel in einen Gehorsamskult, wir diskutieren das Milgram-Experiment und geben uns mit stolzer Brust expertenhörig. Wir predigen Demokratie und lassen keine kritischen Meinungen mehr zu, wir erklären die Pathologie eines ehemals entfesselten Gehorsams und sitzen selbst in der Gehorsamsfalle. Während wir das Denunziantentum linker und rechter Diktaturen der Vergangenheit beklagen, fördern wir dieses parallel.

Was ist mit uns nur los, dass wir uns als Pädagogen erklären lassen, wie Solidarität und Empathie zu sein haben? Denken wir selbstständig oder geben wir die Freiheit freiwillig auf, nur um zu den fremddefinierten Guten zu gehören?

Für mich ist nun endgültig eine rote Linie erreicht, sollte der Unterricht in Zukunft nur geimpften Kindern und Jugendlichen vorbehalten sein. Es darf keinen direkten oder indirekten Druck zur Impfung geben. Die Schüler werden jetzt immer stärker in den Fokus geraten – mit immer neuen Infektionszahlen und gefälligen Studien, während geimpfte Erwachsene nicht mehr getestet werden. Der Druck wird sich erhöhen. Das ist klar und wir wissen nun, dass die Politik interessegeleitet ihr Ding durchziehen wird, wenn wir nicht aufstehen.

Ich appelliere an alle Lehrer mit Herz, Hausverstand, Empathie und Solidarität gegenüber Kindern: Stehen wir auf für diese! Setzen wir dem unverantwortlichen Konformitätszwang ein Ende. Wir sind mehr als sicherheitsverliebte Beamte. Wir sind gegenüber der Freiheit der Kinder verantwortlich, gegenüber der Zukunft des Lebens. Dies ist unsere heilige Pflicht.

Die Anwesenheit eines Kindes an der Schule soll in Zukunft nicht, wie von der WHO bereits gefordert, als Einwilligung zur Impfung interpretiert werden. Die Anwesenheit gilt ausschließlich als Einwilligung zur Bildung und Förderung der Persönlichkeit. Das Recht auf Bildung darf nicht an einen Impfpass oder Ähnlichem gebunden sein.

Unsere Kinder und Jugendlichen dürfen letztendlich nicht in eine „solidarische Geiselhaft" genommen werden, nur weil sie keine Lobby besitzen.

Wenn wir Pädagogen nicht für sie eintreten, wer dann? Wenn wir sie nicht als Hoffnungsträger statt Virenträger sehen- wer denn dann?

Lasst unsere Kinder und Jugendlichen aus dem Spiel,
sie gehören euch nicht!!!
Lasst sie spielen, statt sie zu kleinen Robotern zu erziehen!
Ihre Würde ist unantastbar!

„Sind Sie geimpft?" 82 Antworttipps auf eine unmögliche Frage

1. Nein, ich bin eh getauft.
2. Ich bin transgeimpft. Das muss reichen. Die Biologie ist nicht so wichtig. Heute bin ich übrigens eine transgeimpfte Frau.
3. Ja, gegen Masern, Röteln, Hepatitis, Zecken und Co.
4. Ja, aber Sie meinen sicher die Covid-Impfung.
   Tut mir leid, aber das ist natürlich keine Impfung, sondern eine prophylaktische Gentherapie.
   Therapien brauche ich derzeit nicht.
5. Die Frage ist mir zu intim. Und Sie sind mir zu fremd.
6. Wollen Sie auch noch meinen Fußpilzstatus wissen?
7. Ich verzichte auf die Impfung und spende sie für alle, die sie mehrfach erhalten wollen.
8. Eine große Frage, die ich so einfach jetzt nicht beantworten kann.
9. Ja, von den Medien.
10. Sind Sie geimpft? Das müsste ja reichen.
11. Nein, ich will noch lange leben.
12. Seit wann sind Sie so interessiert an mir?
13. Nein, ich habe die Impfung nur mitbezahlt und verschenke sie als humanitäre Geste.

14. Nein, ich hab ja ein Immunsystem.
15. Bevor ich mit Ihnen über meinen Impfstatus rede: Darf ich Ihnen meine liebsten sexuellen Fantasien erzählen? Außerdem habe ich noch Röntgenbilder bei mir, die Sie sicher interessieren.
Mein Scheidenpilzstatus ist übrigens am interessantesten. Ich möchte Ihnen erzählen, wie sich die Situation aktuell darstellt ...
16. Bei meiner Penisgröße erübrigt sich jede Impfung.
17. Glauben Sie mir: Ich würde es wahnsinnig gerne tun. Aber meine Trypanophobie, also Angst vor Nadeln, ist zu groß.
18. Nein, merken Sie nicht, dass meine Haut noch gesund und nicht gelblich wirkt.
19. Nein, ich möchte noch länger Kontakt zur Transzendenz unterhalten.
20. Nein, ich warte noch, bis die Impfung korrekt zugelassen wurde.
21. Nein, ich warte noch, bis Sie eine Impfung finden, die wirkt.
22. Bemerken Sie nicht, dass die magnetische Ausstrahlung der Nano-Partikel im Blut bei mir fehlt?
23. Sind Sie Rassist?
24. Sind Sie Moslem? Warum ich das frage? Weil ich total an Ihnen interessiert bin. So wie Sie.
25. Nein, ich mag Gen-Changer nicht so.
26. Ich lass mich doch nicht in einen biotechnologischen Kult initiieren.
27. Ich würde gerne, wenn die Impfung anderen helfen würde, was sie ja leider nicht macht. Schade.

28. Nein, gegen Maßnahmen lasse ich mich ungern impfen.
29. Nein, ich liebe mich zu sehr.
30. Nein, so egoistisch bin ich nicht.
31. Ich will mich doch nicht als nächstenliebenden Moralisten aufspielen, um mein Ego noch mehr aufzublasen.
32. Nein, das ist unter meiner Würde. Die Frage übrigens auch.
33. Ich lasse mich zu meinem 90. Geburtstag sicher in einem Heißluftballon impfen.
34. Ich will doch zu keiner Fabrik für Spikes werden.
35. Ich nehme sicher nicht an einer weltweiten Studie teil.
36. Ich brauch kein lebenslanges Impfabo. Ich habe so schlechte Erfahrungen mit Abos.
37. Nein, ich bin mit meinen Genen total zufrieden.
38. Nein, ich bin ja kein Besitz.
39. Welch große Frage. Sind Sie geliebt?
40. Ich will den Impferator Bill Gates ein wenig ärgern und mach da nicht mit.
41. An das Impferium gebe ich keine Impformationen.
42. Danke für die Frage. Wusste eh nicht, wie wir das Gespräch beginnen könnten.
43. Danke, ich hab schon einen gefälschten Impfpass.
44. Wirke ich so kränklich?
45. Mir kommt gerade das Geimpfte hoch.
46. Ich warte, bis die Hersteller die Haftung für die sicherste Impfung der Welt-Geschichte übernehmen.
47. Ich unterstütze keine Milliardäre.

48. Ich warte auf die Totimpfstoffe, damit ich nicht bald tot bin.
49. Nein, bin ja nicht der Papst und der Dalai Lama.
50. Nein, die Gemeinschaft der Geimpften ist mir zu heilig.
51. Nein, meine Würde habe ich jetzt schon.
52. Gegen Maßnahmen lässt man sich nicht impfen, falls man noch Reststolz empfindet.
53. Impfung heil!
54. Nein, ich bin in einer ungeimpften Partnerbörse. Da will ich mich nicht rausimpfen.
55. Ja, bald. Ich will mich dann mit den Nanopartikel an das 5-G-Netz anschließen. Und ich freue mich darauf, wenn dann hoffentlich bald auch der Identitätschip mitgespritzt wird. So eine schöne, neue Welt.
56. Sind Sie gevögelt?
57. Gegen Angst hilft keine Impfung.
58. Nein, ich zahle sie nur.
59. Ich wollte mich, aber der Gesundheitsminister hat gemeint, der Impfstoff bleibt nur lokal im Oberarmmuskel. Davon hab ich nichts.
60. Ist das eine Anmache?
61. Lass uns über schönere Dinge reden.
62. Kann ich etwas für Sie tun? Sie wirken so gestresst.
63. Es regnet gerade und Ihr Regenschirm ist geöffnet. Brauchen Sie auch noch meinen?
64. Sie beleidigen meinen Geist.
65. Gehen Sie mir aus der Sonne, Sie werfen lange Schatten.

66. Sind Sie Arzt?
67. Ja, mit einer Überdosis Lebensfreude.
68. Trag ich etwa einen Aluhut? Oder bemerken Sie in mir eventuell Aluminiumteile?
69. Was glauben Sie? Sie sind wohl nicht hellsichtig. Ab der Impfung ist man das sowieso nicht mehr.
70. Meinen Sie die Corona-Impfung?
71. Sicher nicht. Ich will bei meinem Sterbeprozess schon ins Jenseits finden.
72. Ich liebe Ihren Humor.
73. Eine Frage als Begrüßung. Wie kreativ.
74. Verschwinden Sie, sonst werde ich handgreiflich.
75. Wie einfach man doch das unendliche Universum auf eine Nadel reduzieren kann. Der menschliche Geist ist ein Wunder.
76. Haben Sie einen Impfdurchbruch? Sie wirken so komisch.
77. Ich weiß es nicht. Ich war beim Arzt, der hatte eine Spritze. Seitdem erinnere ich mich an Sachen so schlecht.
78. Was soll die blöde Frage. Hat Sie der Impfbus überrollt?
79. Ja, ich bin Arzt. Sehen Sie mein neues Auto dort drüben. Ich verdiene Weltklasse mit den Impfungen. Eine wahre Goldgrube.
80. Gratisimpfungen und -zeitungen verabscheue ich. Sind von Regierungen gesponsert und besitzen keine Qualität.
81. Nein, ich bin Impfbusfahrer und sehe zu viel.
82. Ja sicher, für den Transhumanismus tue ich alles.

Das heilige Sakrament der Corona-Impfung

Ich möchte es mit diesem Text nicht bis auf die Spritze treiben. Ganz im Gegenteil. Es wäre ein Stich bzw. ein Piks ins Herz. Sollte Ihnen trotzdem das Geimpfte oder sogar der Kakao der Erstkommunion hochkommen, dann bitte ich Sie, nachsichtig zu sein. Der Text hat keinen alleinigen Wahrheitsanspruch, noch möchte er tatsächliche Erkrankungen bzw. Todesfälle kleinreden. Es geht ihm um etwas ganz anderes, um eine Dimension, die unter der Oberfläche zu finden ist. Bei den Schreibarbeiten wurde niemand verletzt und so sollte es auch beim Lesen sein. Bei etwaigen auftretenden Nebenwirkungen fragen Sie jedoch bitte die neuen Priester – die Ärzte, Apotheker usw.

Es ist Zeit, wieder mal in die Kirche zu gehen. Die Tauffeier von strenggläubigen Bekannten steht an. Für mich eine willkommene Abwechslung, denn die derzeitige Situation hinterlässt Spuren.

Nur, wie konnte es so weit kommen?

Während ich beim Eintritt in das Gebäude nach dem Weihwasser suche, fällt mein Blick auf ein blaues Fläschchen, das mir von einem braven Gehilfen gereicht wird:

das Desinfektionsmittel. Ich werde angehalten, dieses zu verwenden. Also wasche ich meine Hände in Unschuld, während ich unbekannte Viren- und Bakterienstämme gleich am Kircheneingang trotz „Du sollst nicht töten" den Garaus mache.

„Hoffentlich werden in Zukunft auch die Kleinen sofort gegen Corona geimpft. Mein Hausarzt freut sich schon darauf. Jeder sollte geimpft sein", höre ich einen älteren Mann nebenan sagen.

Mir fällt es wie Schuppen von den Augen. Ja, das neue Weihwasser ist das Desinfektionsmittel. Und die neue Taufe, das ist die Corona-Impfung. Der Dorfpfarrer wird abgelöst, seine Rolle übernimmt nun der Hausarzt.

Das neue Kirchengebäude ist die Arztpraxis, die aktuellen heiligen Hallen sind nun die Labore.

Die neuen Wanderprediger der Angst verkünden ihre Botschaften nicht mehr von den Kanzeln, sie tingeln von einer Talkshow-Couch zur nächsten, um ihre Apokalypse zu reiten. Statt Theologie haben sie meist Medizin studiert. Am besten die Lehre von den Sünden, die Virologie. Und auch die neuen Priester missionieren mit großem Eifer, der Teufel ist schnell an die Wand gemalt.

Keine tröstlichen, ermutigenden Worte sind zu hören. Vielmehr vernehme ich drost-liche von einem viel zu groß gewordenen Hobbit, der mit Macht, Bedeutsamkeit und Eitelkeit ringt. Er entwarf den neuen Beichtstuhl der Marke „perfectus, confessio, reus" (kurz PCR), der nach mehr als 30 Beichtrunden jede gewünschte Sünde als Todsünde identifizieren kann. Alles nur aus reinster Charité. Selbstredend auch seine Verbindung zum amerikanischen Kollegen und Magier Dr. Anthony Faust. Während ich über all dies nachsinne, ertönt im Kirchenraum die Kantate „Es ist nichts Gesundes an meinem Leibe" (LBWV 25). Wie passend, will ich schon rufen. Zumindest zu meinen Gedanken. Karl Sebastian Lauterbach ist einfach ein Genie.

Viren sind die neuen Sünden

Die Viren stehen also für die neuen Sünden. Eine unsichtbare Gefahr, gegen die nur das Beichten und Taufen hilft.
So erfüllen die Stäbchen die Aufgabe einer Beichte. Sie sind der neue Maßstab. Verriet die Beichte zusätzlich viel über das Innerste der Seele, so verraten die Teststäbchen viel vom Innersten des Körpers.

Sie suchen zuerst einmal nach Viren, denn man steht ja in Dauerverdacht, ein Träger dieser zu sein.

Hatte man früher nach langer Beichte doch endlich eine Sünde gefunden, so wurde die Sanktion Buße genannt. Jetzt wird sie als Quarantäne bezeichnet und lädt nicht minder zur Einkehr ein. Der zukünftige Analabstrich, der jede Sünde sofort entdeckt, ist ein schlaues chinesisches Produkt, das Beichte und Buße in einem kombiniert. „Wo ist die Würde des Menschen?!", möchte man rufen. Wahrscheinlich im Arsch.

Waren die neuen Priester, die Ärzte, nicht schon lange Teil einer priesterlichen Tradition? In weiße Mäntel gekleidet, schreiten sie bei ihren Visiten in einer heiligen Prozession von Bett zu Bett, die Hierarchie meist strikt im Auge behaltend. Sie murmeln dabei in einer fremden, toten Sprache, die der lebendige Patient nicht zu verstehen mag. Priesterkasten sprachen immer schon gerne ihre eigene Sprache.

Die Stabsübergabe von einem religiösen zu einem wissenschaftlichen Kult

Wer sich gegen all dies kritisch äußert und dem modernen Kult die Maske entreißt, wird nun nicht mehr als Heide, Ketzer, Häretiker und Ungläubiger gebrandmarkt, sondern als Verschwörungstheoretiker und Wissenschaftsleugner an moderne Pranger gestellt und, wenn nötig, vom öffentlichen Leben ausgeschlossen.

Die neue Religion ist die Wissenschaft, die Königin der Wissenschaften die Medizin, der Virologe der Eingeweihte unter den Wissenschaftlern.
Der Mensch verkommt zu einer Fallzahl, einem Teil einer epidemiologischen Kurve und wird von den neuen

Propheten, den Simulationsexperten und Komplexitäts-
forschern, in deren Prophezeiungen, sprich Berechnun-
gen, eingespeist, um dabei seine Subjektivität und Würde gleich zu Beginn der Berechnung abzulegen.

Hypnotisiert blickt der moderne Mensch auf das zentrale
Orakel der Welt – auf das Dashboard der Johns Hopkins
University, welches mit seinem von John D. Rockefeller
gegründeten „Public Health Center for health security"
ein Corona-Planspiel im Vorfeld organisiert hatte. Die
heilige Tafel bzw. das goldene Brett vor dem Kopf zeigt
den internationalen Verlauf der Sünden, welcher uns
sprichwörtlich in das Kaninchen vor der Schlange verwandelt.

Der moderne Sünder ist der Virenträger. Der Kranke.
Dem alten und neuen Sünder gemein ist der Verlust der
Würde. Diese war und ist den Würdenträgern vorbehal-
ten. Nur, wer sind diese jetzt?

Der Mensch des alten Kultes hatte mit dem ersten Atem-
zug die Erbschuld, die Ursünde inhaliert.

Der moderne Mensch plagt sich nun von Beginn wieder
mit unsichtbaren Feinden – den dämonischen, krank-
machenden Erregern. Von wegen von Geburt an un-
schuldig und gesund: Nein, der Mensch ist von Beginn
an verdächtig, unrein und ungesund. Ein Leben lang soll
er nun beweisen, nicht schuldig und krank zu sein. Im
Zweifelsfall gegen den Angeklagten.

Der Eintritt in den neuen Kult
und die neue Identität

Und hier hilft der Eintritt in einen rettenden Kult. Früher war dieser das heilige Sakrament der Taufe, das von der Schuld befreite. Nun ist es das heilige Sakrament der Corona-Impfung.
Am Beginn des Kultes war die Taufe Erwachsenen vorbehalten, die sich bewusst für eine Lebens-Umkehr, eine Metanoia, entschieden hatten.

Doch schon bald wurde sie zu einem sofortigen Pflichteintritt in einen religiösen Kult umfunktioniert und von der Kirche als erstem großen Weltkonzern erfolgreich um den Erdball exportiert, mit Versprechungen sowie psychischer und physischer Gewalt verbreitet.

Wenig blieb im Angesicht der Pflichtkindstaufe von dem ehemals lebendigen, bewussten Ritus. Gleich nach der Geburt sollte die Taufe mit der Namensgebung kombiniert werden.

Die Taufe war somit auch mit einer neuen Identität verbunden, eine besonders kraftvolle Form des Initiationsrituals in einen Kult.
Dieser griff damit in die spirituelle Genetik des Säuglings ein.
Ist die Corona-Impfung auch mit einer neuen Identität verbunden, ein sicheres Zeichen für den Eintritt in einen Kult?

Identity2020 Systems, kurz *ID2020*, kommt mir als Parallele in den Sinn. Diese Organisation wirbt für eine neue digitale Identität. Der „Grüne Pass", der Impfpass, scheint der erste Schritt in diese schöne neue Welt zu sein. Die Kombi von Impfung und Blockchain-Identität, auch gleich am besten nach der Geburt. So wird man schnell zum Objekt und in Folge zum Besitz.

Wer hat nur *ID2020* initiiert? *Gavi, Microsoft, Bill & Melinda-Gates-foundation* und *Rockerfeller foundation*, um die wichtigsten Player zu nennen.

Von Schafen und Robotern

Wir erleben gerade die Stabsübergabe von einem religiösen zu einem wissenschaftlichen Kult. Der neue setzt auf den alten Kult vorbildlich auf. Die Corona-Impfung steht für das neue Initiationsritual in einen modernen Kult. Und Initiationsrituale können nun mal gefährlich sein. Übersetzt bedeutet dies: Sie können Nebenwirkungen entfalten. Aber das verbindet die Menschen eines Kultes umso mehr.

Aktuell berühren sich beide Kulte spektakulär, bevor der alte Kult in der Bedeutungslosigkeit verschwinden wird. Religiöse Bilder gehören zu den wirkungsvollsten und stärksten, sie sind tief in unserem Unterbewusstsein verankert. Dem neuen Kult zu Beginn auch die religiöse Überhöhung mitzugeben, auf Religion aufzubauen, för-

dert die Annahme des neuen Kultes. Angedachte Impf-
aktionen auf Friedhöfen und Impfstraßen in Kirchen wie
zum Beispiel im Wiener Stephansdom, wo auch Kinder
geimpft werden, verdeutlichen dies eindrucksvoll.

Es mutet befremdlich und barbarisch an, wenn dies in
der Barbarakapelle des Doms passiert. „Lasset die Kinder zu mir kommen!", war vor langer Zeit jedoch liebevoll gemeint und hatte nichts mit der Reduzierung der
Kinder zu einem Objekt zu tun. Die Händler der Phar-
maindustrie wären von Jesus mit Sicherheit aus dem
Gotteshaus vertrieben worden.

Wer der neuen Lehre jedoch nicht folgt, wird von Sek-
tenbeauftragten in die Herde zurückgeholt, Angehörige
von Impfunwilligen werden von Sektenstellen beraten.
Kritik an der Impfpolitik gilt als Blasphemie. Impfungen
werden als solidarisch geframt, auch wenn sie nachweis-
lich keine sterile Immunität und somit keine Herdenimmunität aufbauen.

Die neue Glaubenskongregation der Faktenchecker
überwacht die eine wahre und reine Lehre. Wer die eine
Wahrheit nicht anerkennen möchte, wird von den Glau-
benshütern aus dem öffentlichen Raum ausgeschlossen,
zensiert und, wenn nötig, an den medialen Pranger gestellt. Sie berufen sich auf das Gebot „Du sollst nicht töten", denn eines ist den Inquisitoren klar: Andere Meinungen töten.

Der Gläubige zweifelt eben nicht. So kann die eine Wahrheit als Monokultur gedeihen, die mit ständig neuen Nachrichten künstlich gedüngt werden muss.

Damit die eine wahre Lehre unters Volk gebracht werden kann, laden Medien, die eine besondere Verbindung zum Göttlichen haben, täglich zur modernen Abendmesse, zum Abendmahl ein: der allabendlichen Berichterstattung. Gemeinsam sitzen Millionen zur selben Zeit vor ihren Endgeräten und lauschen unter dem Motto „Richte mich, Gott" den Nachrichten und deren Lehre der Angst. Eine riesige virtuelle, abgeschlossene Kathedrale der Angst entsteht jeden Abend, die Echokammern der asozialen Medien nehmen sich dagegen klein und fragmentiert aus. Nach jeder Messe ist wieder klar: „Wir sind die Guten, die anderen die Bösen. Wir sind Teil der Lösung, die anderen Teil des Problems. So einfach ist das. Eine gentechnisch veränderte biochemische Substanz wird uns alle in dieser Welt der bloßen Materie erretten! Das Universum ist einfach eine Scheißgegend. Die Angst ist immer und überall!" Solche Botschaften geben Orientierung in diesen so schweren Zeiten. Gut, dass man nachgerichtet wird. Aber ehrlich: Sind solche Messen nicht vermessen?

Der alte Kult entwarf den Begriff der Propaganda und meinte damit die Verbreitung und Ausdehnung der Lehre mittels Missionierung von fremden Kulturen und innere Missionierung während der Gegenreformation. Später sollte Edward Bernays, der Neffe von Sigmund

Freud, diesen Terminus auf moderne wissenschaftliche Beine stellen.

Seit Beginn der Pandemie läuft die Propaganda-Maschine der Angst in einem Ausmaß, wie wir es noch nicht kannten.

Monatelange Angst bindet das Denken und führt in hemmende, abgeschlossene „virtuelle Stresswelten", die mit gewünschten Botschaften bespielt werden können. Pure Erpressung mittels ausgefeilter Schikanen und erhabene Versprechungen tun ihr Übriges.

Beiden Kulten ist ihr psychologischer Unterbau und ihr gigantischer Wahrheitsanspruch gemein.

Somit haben beide mit Religion und Wissenschaft wenig zu tun, sie sind bloß ein Vehikel der Macht und der Entwürdigung des Menschen. Ihr gemeinsamer Kern ist ein menschenverachtender Narzissmus, der Selbstverliebte anlockt wie die Motten zum künstlichen Licht.

Das Streben beider Kirchen nach Unsterblichkeit und die Abwendung von allem Lebendigen und Wesenhaften ist aus dem Holz des Narzissmus geschnitzt. Nur, Unsterblichkeit lässt sich nicht machen. Entweder ist sie jenseits von Zeit oder sie ist nicht. Brauchte die alte Kirche noch brave Schafe, so fordert die neue Wissenschaftskirche funktionierende Roboter. Auch Sklaven brauchen ein Update.

Benötigte der alte Kult, der eine Zeitenwende einläutete und sich über viele Länder und Kontinente erstreckte, noch Jahrhunderte, um sich auszubreiten, so brach der neue Kult blitzkriegartig über uns herein. Wie eine ätherische Neutronenbombe, die zuerst das geistig Lebendige hinwegzufegen vermag, die materielle Infrastruktur aber bestehen lässt. Die Kinder und Jugendlichen als sensible Seismographen der Gesellschaft spüren dies und füllen bis heute die Kinder- und Jugendpsychiatrien. Die Unsensiblen unter uns sprechen von einer verwöhnten Jugend und einem Jammern auf hohem Niveau, blieb die materielle Struktur doch weitgehend verschont. Die Seele, die Psyche, scheinen keine Kategorie mehr zu sein.

Die Anziehungskraft der Mono-kult-ur

Ja, es ist ein Anschlag auf das Menschsein selbst, von vielen Menschen unbemerkt. Wie bei vielen „Todeskulten" wird der Mensch angehalten, seine Lebendigkeit abzulegen.

Wenn man nur das Leben anhalte, um keine strafbaren Fehler zu machen, dann könne man den Tod im Schutz des Herdenkultes überwinden. So die absurde Haltung dahinter. Man könnte sich ja schuldig und sündig machen, andere mit dem lebendigen Atem anstecken.

Brav und angepasst in der vorgefassten Box sich aufzuhalten, das ist das Ziel des Kultes. Der Stechschritt ist ihm lieber als der freie Tanz, die Masse näher als das Individuum.

Der Kult ist kriegerisch, er erklärt dem Leben selbst den Krieg. Heilsame, ganzheitlich-vielfältige Gedanken lehnt er ab. Die Auslöschung des Virus ist in Wahrheit eine kriegerische Haltung. Wer diese nicht mitträgt, gerät ebenso ins Visier des Krieges, der den Feind besiegen und nicht das Milieu stärken möchte.

Die Mono-kult-ur des Kultes ist anziehend, verspricht sie doch Sicherheit vor dem vielfältigen, ungesicherten Leben außerhalb des Kultes. Wer seiner Anziehungskraft trotzt, wird genötigt und erpresst.

Derzeit zeigt er sich als Weltuntergangskult, der auf die Angst vor der Apokalypse setzt. Damit wir zur Initiation mittels Impfung schreiten, werden wir im Vorfeld mit Angst geimpft. Angst vor dem Tod, vor schwerem Verlauf, vor Intensivbettenauslastung, vor neuen Mutationen (sollten wir für die auffälligsten statt des griechischen Alphabets nicht die Namen der sieben Todsünden wählen?), vor Long-Covid usw. Im Kern ist es die Angst vor dem Tod, die hier über Monate getriggert wurde. Das Gehirn stellt dabei auf Daueralarm und beginnt zu glauben anstatt zu denken. So trottet die Herde in den schützenden Stall des Kultes. Herrschende brauchen den gebückten, den entwürdigten und entmenschlichten Menschen. Die Impfung selbst ist nur der Eintritt, die Initiation, die bedenkliche Spritze des Eisbergs.

Der lebendige, würdevolle, herzliche, erhabene, eigen-
verantwortliche, spirituell und sexuell potente, naturver-
bundene Mensch mit klarer Intuition und klarem Ver-
stand ist dem Kult ein Feindbild. Er liebt die Angst des
Schafes, die Leblosigkeit des Roboters, keinesfalls aber
das Herz eines Löwen. Von ihm kann kein Kult leben.

Der Ungeist des Transhumanismus
und der Indigene in uns

Getaufte Menschen mussten im Laufe der Geschichte erneut beichten. Müssen Geimpfte auch wieder testen? Müssen sie abermalig das neue religiöse Symbol,
die Maske, für jeden sichtbar tragen? Das neue Symbol
nimmt buchstäblich die Luft zum Atem des Lebens.

Mag es eventuell kurzfristig Schutz bieten, in seiner ganzen Tragweite ist es ein Symbol der Unterdrückung und
Lebensfeindlichkeit.

Fallen der neuen Wissenschaftskirche, nennen wir sie
doch Transhumanismus, wieder dieselben wie damals
zum Opfer, da sie sich der übermächtigen Herde nicht
anschließen wollen? Die Naturverbundenen, die lebendig Spirituellen, die Freiheitsliebenden, die Indigenen,
das Weibliche an sich, die Erde selbst?

Nachdem nun erstmals in der Menschheitsgeschichte
die letzten indigenen Steinzeitkulturen völlig auszuster-

ben drohen: Wer sind die neuen Indigenen? Wir? Der natürliche Mensch selbst? Versucht nicht der Transhumanismus den fehlerhaften Menschen technisch zu transformieren, in eine perfekt geölte Mischung aus Körper und Maschine? Geist- und seelenlos funktionierend? Ohne Krankheit und Sünde? Eine wissenschaftliche Anbetung der Materie und des eigenen, vom Leben getrennten Intellekts?

Der funktionierende und brave Mensch als idealer Typus für einen Gehorsamskult. Jegliche Lebendigkeit muss abtrainiert werden, könnte sie doch das Konzept der Auslöschung des Fehlerhaften stören.

Gelangen wir selbst nun in eine Art „indigenen Widerstand" gegen ein Imperium, das sich neuer Mittel bemächtigt hat? Der indigene Widerstand ist bis heute lebendig und beeindruckend. Doch eines bekam er nie wirklich: den öffentlichen Raum. Diesen gilt es jetzt jedoch zu bewahren, damit wir dem Menschsein noch eine Stimme verleihen können.

Im Goldrausch der Medizin, Biotechnologie und Digitalisierung, die der neuen Kirche des Transhumanismus wertvollstes Material zur Verfügung stellt, besteht die Gefahr, dass der Indigene in uns, der Mensch selbst, an den Rand gedrängt wird.

Der Alarm der Stille und
die Schönwetterkunst

Das Menschsein, die Menschlichkeit sind nun in höchster Gefahr. Nur, die ehemals bunten Vögel schweigen und singen nicht.

Wo sind die kritischen Künstler, die sonst gerne mit Blick in eine meist selbst nicht erlebte Vergangenheit kritische Worte und Lieder fanden?

Ist es der „Alarm der Stille", wie wir ihn aus der Vogelsprache kennen? Kein Tier ist so mitteilsam wie der Vogel in der Natur. Wenn sich ihm eine Katze nähert, so beendet er seinen Gesang und schlägt Alarm. Nähert sich ein Sperber, so ändert sich die Intensivität seines Alarms nochmals.

Ist es im Wald mucksmäuschenstill, kein Vogel singt, zwitschert oder schlägt Alarm, dann ist die Wahrscheinlichkeit groß, den „Alarm der Stille" als Ausdruck größter Bedrohung wahrzunehmen.

Kein Vogel rührt sich mehr, alle sind vor Angst erstarrt, denn irgendwo sitzt der Habicht auf einem Ast.
Nur, wer ist aktuell der Habicht unter den Menschen?
Und haben wir es bei vielen in Wahrheit mit Schönwetterkünstlern und -intellektuellen zu tun, die bei aktueller Schlechtwetterlage sofort verstummen? Sehen sie den Kult, der so raffiniert mit der Verdrehung spielt?

Bemerken nur wenige das gekonnte „Links-Rechts-Framing"? Misslingt der Transfer von der Vergangenheit in die Gegenwart? Oder fühlen viele einfach auch eine enorme Bedrohung? Haben wir es mit einem stillen, inversen und asymmetrischen Krieg zu tun, zuallererst auf der Informations- und Psychoebene?

Die Spaltung der Herde und der Kult der Verdrehung

Die Spaltung in Heiden und Christen zeigt sich nun als Spaltung in Ungeimpfte und Geimpfte, der durch Druck von oben bewusst provoziert wird. Denunziantentum, Ausschluss aus der heiligen Gemeinschaft der Geimpften und die selbstgerechte Haltung neuer Tugendwächter sind Zeichen dieses neuen Kultes.

Viele wollen eben wie schon damals zu den Guten gehören, aber wenige wollen gut sein. Mit der Herde zu laufen ist leichter, der Herdentrieb den Mächtigen wichtiger als die Herdenimmunität. Was wir aber wirklich bräuchten, wäre eine Herdenimmunität gegenüber dem fiesesten Virus: der Angst. Doch das Geschäft mit der Angst blühte immer schon am besten, in Wahrheit aber nur für eine Minderheit. Die Angstmaschine speist mit frisch abgesaugter Energie die stets wachsende Megamaschine.

Dem Herdenschutzprogramm eine Abfuhr zu erteilen und selbst Verantwortung zu übernehmen heißt, Gefahr

zu laufen, als Feind der verängstigten Herde wahrge-
nommen zu werden.

Es macht verdächtig, nicht wie eine Schar Kinder den
Politikern zu folgen, wie Lämmer dem Hirten, wie Geis-
ter den Leitmedien. Das kritische Kalb folgt neuerdings
der Leitkuh. Das verschwörerische sucht Weiden jenseits
des Elektrozauns. Der eigene Orientierungssinn, der auf
alternative Nebenstraßen führt, ist out. Dem Navi, das
auf die Hauptstraßen führt, die Leitung zu übergeben,
gilt als besonders intelligent und sozial.

Es ist eben auch ein Kult der Verdrehung.

Das Sündenbock-Ritual

Und innerhalb dieses Verdrehungskults findet sich das
Sündenbock-Ritual.

Der Hohepriester projizierte alle Sünden des Volkes Israel auf einen Ziegenbock und jagte das arme Tier in die
Wüste. Übersetzt heißt das nun, dass die neue Priesterkaste – wer ist eigentlich ihr Hohepriester? – alle Viren
aller Völker auf den neuen Sündenbock überträgt: auf
die Ungeimpften aller Länder.

Diese magische Projektion ist ein Phänomen der Mas-
senpsychologie und hat mit einem grundlegenden Ver-
ständnis von Ursache und Wirkung wenig zu tun.

Während wir heute den Kopf über alte Sündenböcke wie Farbige, Juden, Natives, Homosexuelle, Ausländer, Hexen, Brillenträger (Rote Khmer in Kambodscha), Ungläubige usw. schütteln, so spielen wir das Spiel mit den Ungeimpften (Impfverweigerer wäre das falsche Wort, da es ein bewusst manipulatives Framing darstellt) nun neu. Die kognitive Dissonanz lässt grüßen. Der Transfer von Geschichtswissen in die Gegenwart scheint nur selten möglich. Die Jagd auf die Ungeimpften hat begonnen.

Die Blindheit des Kults

Der moderne Kult macht blind für die präsente Wirklichkeit. Und nicht anders ist auch zu verstehen, dass trotz vieler aufgedeckter Wahrheiten die Herde weiterläuft wie bisher.

Da können der Ex-Vize-Pfizer-Chef Yeadon oder wesentliche Entwickler der mRNA-Technologie selbst, wie Robert Malone oder Luigi Warren, warnen, was sie wollen. Da können unzählige Studien zu abweichenden Ergebnissen kommen und der Nobelpreisträger und Erfinder des PCR-Tests, Kary Mullis, bereits vor vielen Jahren seine Methode relativiert haben. Es kann die Intensivbettenauslastung als manipuliert auffliegen, das Virus als weniger gefährlich als ursprünglich gedacht gesehen werden oder die Impfung nur als klinische und nicht sterile Schutzwirkung durchgehen. Somit werden Infektionsketten nicht durchbrochen und die Theorie der

Herdenimmunität mittels solidarischer Impfung fällt in sich zusammen.

Es können sogar die Todesopfer weltweit aufgrund der Maßnahmen, Oxfam spricht von geschätzten 12000 Toten pro Tag wegen des Zusammenbruchs der Lieferketten usw., als enorm beziffert werden. Weiters könnte über alternative, medikamentöse Behandlungserfolge berichtet werden.

Letztendlich können sogar die Triagen in den Kinder- und Jugendpsychiatrien, die einzigen während der Pandemie, dokumentiert werden.
Alles egal!!! Eine Bratwurst reicht, um alle Argumente im Nirvana verschwinden zu lassen und die Herde zur Corona-Impfung anzulocken.

Wir opfern sogar unsere Kinder und Jugendlichen für einen Kult, in den wir sie gezwungen haben. Und sie fügen sich, denn sie haben das Funktionieren inhaliert und sie wollen Teil der Herde sein.

Uns wird mit der Gate-Keeping-Taktik eingeredet, es gebe nur diesen einen Weg, diese eine Wahrheit, diese Hauptstraße. Abweichler werden diskreditiert, zensiert, dämonisiert, gebrandmarkt. Sie werden geschickt von der Herde getrennt, abgewertet und zum Verstummen gebracht. Erleben wir noch einen Kreuzzug gegen die Ungeimpften, gegen Maßnahmenkritiker, aufgestachelt von Hasspredigten gegen sie?

Demokratie lebt von Dissens, Vielfalt und Freiheit. Und nicht von einer überbordenden Cancel-Culture, die angeblich gefährlichen Falschmeldungen mittels Faktencheckern und Algorithmen den Garaus macht.

Das Framing des Fehlerhaften
und der innere Lach-down

Wer in der Nacht die Fensterscheiben einschlägt und am lichten Tag als Fenster-Verkäufer an der Tür klopft, dem sollte man nicht glauben.

Wer Sünden und Viren aufschwatzt, um später davon befreien zu wollen, der hat seine eigene Agenda im Kopf und wenig Liebe im Herz.

Nichts gegen Reinheit und Hygiene. Aber religiöse Reinheits- und körperliche Hygienediktatur eines lebensfeindlichen Kultes, der vorgibt, den Tod zu besiegen – dem muss entschieden entgegengetreten werden.

Der Mensch ist nicht potentiell unrein, krank und sündig. Im Gegenteil. Diese altbewährten Framings lassen ihn nur vergessen, wer er wirklich ist. Verdrängt der moderne Mensch nur allzu gerne den Tod, so wird der Corona-Tod vor die Bühne geholt und hell erleuchtet.

Damit steht er stellvertretend für den Tod an sich, den wir fürchten. So wird seine Bedeutung exemplarisch überhöht, der Corona-Tod auf den hellerleuchteten Altar des neuen Kultes gestellt. Eine Inszenierung des Corona-Todes, während andere „Todesarten" im Dunklen darben müssen. Gedenkfeiern mit präsidialer Begleitung sprechen dazu ihre eigene Sprache. Überschießende Angst ist die Folge.

Sollen wir das Leben selbst herunterfahren, um nicht mehr sterben zu müssen, denn am Leben selbst sterben ja immer noch die meisten Menschen? Sollen wir uns gegen den Tod impfen lassen oder gegen das Leben selbst, an dem man letztendlich verstirbt? Ernten wir so nicht den kompletten inneren Lockdown, der in einen Lachdown mündet?

Die Wärme des Menschseins

Nähe, Umarmungen, Berührungen, Tanzen, Singen, Lachen, Feiern, freies Atmen, Treffen von Freunden, spontanes Handeln, das Gefühl von grundsätzlichem Gesund- und Wertsein – all das macht das Menschsein aus. Und genau das wurde einem großen Reset unterzogen, so als wären wir von Viren befallene Biocomputer, die man runterfahren könnte, um ein neues Programm raufzuspielen.

Wie lange wird der andauernde Ausnahmezustand aufrechterhalten? Bis der gewünschte Umbau erfolgreich verlaufen ist?

Wir stehen an einem Scheideweg: Wollen wir aufrechte, aufrichtige Menschen sein, fehlerhafte lebendige Wesen, die beseelt und begeistert mit ihren souveränen Körpern diese heilige Erde bewohnen?

Oder wollen wir zu Robotern werden, die für wenige, deren neue Religion die Anbetung der Materie darstellt, als Sklaven dienen?

Wollen wir, dass wir unsere Körper in naher Zukunft an mächtige Pharmakonzerne verpachten müssen, die diese als neue Kontinente entdeckten, um Gold zu schürfen? Leib-eigene Roboter statt freie Menschen?

Das Allerheiligste in den Tempeln war früher dem Hohepriester vorbehalten. Der Tempel des Körpers mit seinem Allerheiligsten, der DNA, ist kein Raum, der fremden, neuen Priestern und Herrschern verkauft werden darf.

Wir sind die souveränen Hohepriester unseres eigenen Tempels, der uns heilig ist. Kein moderner Kreuzzug, keine Sondereinheiten als modern fingierte Tempelritter und keine „Ärzte-Priesterkasten" haben das Recht auf unseren Tempel.

Jesus, kein natürlicher Partner einer machthungrigen Priesterkaste, betonte das Menschsein und bezeichnete sich selbst als Menschensohn. Würde man den Begriff Christus mit Liebe gleichsetzen, dann wären viele Vorgänge derzeit eine Anti-Liebe, auch wenn sie sich andersrum darstellt. Das alte System verhält sich wie ein panisches Tier, das in seiner Angst nochmals alles auf eine Karte setzt und um sich schlägt.

Das Stehlen des Feuers als notwendiger Akt des Ungehorsams gegen die Abkühlung des Herzens

Lassen wir uns das Feuer nicht wie damals von der Religionskirche dämonisieren und nicht wie aktuell vom Transhumanismus zum Erlöschen bringen. Nicht zufällig kontrolliert die Priesterkaste, ob alt oder neu, das Feuer. Es ist Zeit, das innere Feuer wieder in einem Akt des Ungehorsams von jenen zu stehlen, die es uns vorenthalten wollen.

Gehorsam ist Feigheit, in das Gewand der Tugend gekleidet. Wir sind im selben Kult wie damals gelandet. Nur war dieser auf eine überirdische geistige Dimension angelegt, jetzt zeigt er sich irdisch-materiell. Beide geben vor, gegen das Böse zu kämpfen, die eine Wahrheit zu besitzen, fürchten den Tod und versprechen die Überwindung von diesem.

Weigerte man sich früher, dem Kult beizutreten, so wurde man mit dem überirdischen Bösen in Verbindung gebracht, weigert man sich heute, so ist man verdächtig, mit dem irdisch-politisch Bösen gemeinsame Sache zu machen.

Lassen wir uns nicht weiter trennen, denn Trennung ist der Beginn des Krieges.

Manipulationsangebote und seelische Selbstverteidigung

Ich gehe nach der Taufe an einem Impfzentrum vorbei. Die Leute stehen Schlange wie bei einer Massentauffeier.

Fast möchte ich ihnen zurufen, dass sie nun von Schafen in Roboter verwandelt werden und der Kirche des Transhumanismus beigetreten sind. Mega-Konzerne, Silicon Valley, Geheimdienste, das Weltwirtschaftsforum, die kommunistische Partei Chinas und noch einige mehr applaudieren. Was für eine schöne, neue Welt. Doch ich weiß, dass mich niemand verstehen würde.

Ganz im Gegenteil. Man würde über mich lachen oder mich sogar einen Psychopathen nennen.
Wie kann man nicht sehen, was hier läuft? Vielleicht ist es dieselbe „Fähigkeit", die selten, aber doch Frauen nicht bemerken lässt, dass sie neun Monate schwanger waren.

Viele lächeln und sind stolz, in zweierlei Hinsicht Teil der neuen Impfgeneration zu sein. Hatte ich nicht schon gesagt, dass es sich um einen Kult handelt, abgesichert mit erstaunlichen Methoden des Social-Engineerings und der Psyops bzw. Mediaops als Teil der Informational operations? Allein die Impfung als den einzigen Weg zu framen und diese zu politisieren ist ein erstaunlicher Griff in die Trickkiste. Wissen über Manipulationsmethoden wie Spaltung, Framing, Gate-keeping („Ich bin der Weg, die Wahrheit und das Leben" bezog sich meines Wissens auf Christus und nicht auf die Corona-Impfung), Ästhetisierung, Gaslighting, Etikettierung, Kontaktschuld, Agenda-Settung, Hypnose, Zermürbungstaktiken, Regressionsrituale usw. sollten Teil eines seelisch-geistigen Selbstverteidigungs-Angebotes werden.

Echt Bio

Ich betrete den Bioladen in der Nähe. Die sympathische Besitzerin trägt Maske und erklärt mir stolz, dass sie geimpft sei.

„Hier ist wirklich alles bio, oder?", erkundige ich mich.
„Ja, sicher. Alles frisch, kaum gespritzt und das Fleisch ist auch aus artgerechter Haltung."
„Okay, das kann ich nicht erkennen."
„Wieso?"
„Sie leben nicht artgerecht, denn Sie tragen eine Maske und freuen sich, wenn Sie mit allen anderen in Lockdowns eingesperrt werden. Und Sie sind gespritzt, also geimpft. Sie essen zwar keine gentechnisch veränderte Tomate, lassen sich aber einen gentechnisch veränderten Impfstoff injizieren. Haben Sie schon mal über kognitive Dissonanz nachgedacht?"

„Sind Sie geimpft?", fragt die junge Frau.

„Ich bin getauft. Das reicht."

„Wie bitte?"

„Eigentlich lehne ich den neuen Geständniszwang ab."

„Wieso, bei uns liegt sogar im Kirchenchor offen eine Liste auf, bei der man einsehen kann, wer geimpft, getestet und genesen ist. Das macht die Sache einfacher und hat auch die Möchtegern-Datenschützer überzeugt. Bald werden nur mehr Geimpfte singen, der sanfte Druck mit der Statusbekundung überzeugt."

„Derzeit gibt es einen gesellschaftlich vorgegebenen High-Status und einen Low-Status. Also geimpft und ungeimpft. Ich frage Sie ja auch nicht, ob Sie die Pille nehmen und welche Stellung Sie bevorzugen. Ich vermute die Missionarsstellung, so wie bei allen Missionierenden der Impfglaubensgemeinschaft." Okay, den letzten Teil denke ich mir nur.

„Ich bin dafür, dass ungeimpfte Gefährder nicht mehr alle Rechte behalten dürfen, solange sie das Impfangebot nicht wahrnehmen", fährt die Frau plötzlich fort.

„Echt? Sie nehmen das Wort Gefährder in den Mund, um mit einem manipulierenden Bedrohungsbegriff zu arbeiten? Der Schritt zum Terroristen ist dann nicht mehr weit. Wollen Sie Ungeimpfte für vogelfrei erklären und zum Abschuss freigeben? Der Ungeimpfte kann sich dann also in einen solidarischen Menschen zurückimpfen und damit auch wieder in seine Grundrechte. In meiner Welt sind Grundrechte unverhandelbar, man kann sie nicht verlieren und auch nicht wiedererlangen.

Wir sind Menschen und nicht Geimpfte oder Impfverweigerer. Was Sie hier vorschlagen, ist, im Namen der
Toleranz die Fahne der Intoleranz zu hissen und eine
Impf-Apartheit heraufzubeschwören. Sie erliegen einer
selbstgefälligen Täuschung. Sollen in Ihrer moralisch
überhöhten, oberflächlich bunten und in Wahrheit grau-
en Welt die ungeimpften Menschen letztendlich sogar in
Camps oder Reservaten landen, wenn sie die Erpressung
– pardon – das Impfangebot nicht wahrnehmen?"

Als sie nochmals nach meinem Impfstatus fragt, erklä-
re ich ihr, dass ich transgeimpft sei. Ich fühle mich psy-
chisch geimpft, bio-physisch bin ich es jedoch nicht. Das
sei sicher politisch korrekt und müsse ja reichen.

Ich entdecke in einem Regal das aktuelle Klimabuch des
neuen Messias, während sie über Solidarität predigt.
„Gates noch!", entfährt es mir, zahle keine Bill und verlasse eilig den Laden.

Manche sind halt eher grün hinter den Ohren.

Natürliches Menschsein versus Kult

Im Namen des Guten lässt sich eben auch viel Ungutes
tun. Die „Trojaner-Taktik" gilt schon lange als äußerst
erfolgreich. Hat sie mittlerweile ebenfalls schon die so
notwendige ökologische Bewegung gekapert?

Wenn das künstlich blendende Irrlicht namens Gates, das mit der Erde so verbunden ist, wie ein Karpfen mit einem Heißluftballon, den Umweltschutz auf den Klimaschutz reduziert und jede Frage als falsch empfindet, bei der nicht Technik und Monopol als Antwort erscheint, dann versteht man, wie weit wir gekommen sind.

Übrigens: Wer ist eigentlich der neue Papst, der alle weltweit impfen möchte? Und wer der Großinquisitor, wer der schwarze Papst? Wer entsendet seine Jünger als „global leaders" mit der angeblich neuen Botschaft in alle Welt?

Es ist Zeit, den alten Teig der Manipulation in den Müll der Menschheitsgeschichte zu werfen. Wurden früher daraus Schaf-Kekse ausgestochen, so sind es nun Roboter, die von Mächtigen als Kekse verzehrt werden.

Wir brauchen die Verabschiedung von der Ressourcenausbeutung und das Bekenntnis zur Potentialentfaltung. Zeit für den lebendigen Teig der Spiritualität und Wissenschaft, an deren gemeinsamem Beginn das kindliche Staunen steht.

Wie hatte es also nur so weit kommen können? Es ist einfach der alte Teig der Trennung, den wir bereits kennen. Der Teig des Sünders, des Entmenschlichten, des zum Objekt und Besitz Degradierten, des Entwürdigten und Reduzierten. Der Teig jener, die alles, wirklich alles zu einer Waffe drehen.

Und es ist die mangelnde Abnabelung von der elterlichen Welt, die wir auf äußere Autoritäten projizieren. Sogar dann, wenn wir mit politischer Korrektheit der Schuld unserer Vorväter entkommen wollen. Es gibt keine Lösung in äußeren Autoritäten, das ist alter Teig.

Wir brauchen den neuen Menschen in seiner wahren Größe, Kraft und Würde, der nichts außerhalb seiner selbst anbetet und fürchtet. Wir brauchen wieder Menschen, die das Leben und sich selbst lieben und ihren Planeten mit all seinen Lebewesen erneut als Heimat entdecken. Menschen, die sich mit allem und allen verbunden fühlen, anstatt isoliert in einer sinnentleerten Welt zu vegetieren.

Ich denke dabei an Worte des zu Unrecht im Westen vergessenen Genius und Weisen Vivekananda:

„Kinder unsterblicher Seligkeit! Was für ein wunderbarer, hoffnungsvoller Name! Erlaubt mir, meine Brüder, euch so zu nennen – Erben unsterblicher Seligkeit. Der Hindu weigert sich, euch Sünder zu nennen. Ihr seid die Kinder Gottes, Teilnehmer an unsterblicher Seligkeit, heilige und vollkommene Wesen. Ihr Gottheiten auf Erden – Sünder? Es ist eine Sünde, einen Menschen so zu nennen, es ist eine Verleumdung der menschlichen Natur. Steht auf, ihr Löwen, und werft die Täuschung ab, Schafe zu sein! Ihr seid unsterbliche Seelen, frei, gesegnet und ewig."

Auf die Rettung des Menschseins, des aufrechten Menschen! Um nichts weniger und um nichts mehr geht es nun!!! Und eines weiß ich sicher: Ich lasse mich impfen. Mit Liebe und Humor!

„Diejenigen, die tanzten, wurden für verrückt gehalten von denen, die die Musik nicht hören konnten."
Friedrich Nietzsche zugeschrieben

„Riskiere den Kopfsprung ins Herz. Und wenn du auftauchst, dann tanze nackt in der Sonne, während andere in ihren Uniformen an dir vorbeimarschieren. In unsicheren Zeiten marschieren viele im Gleichschritt mit der Herde der Unbewussten. Du aber tanze. Gerade, wenn alles auf wackeligen Füßen steht, ist es der Tanz des Lebens, der dich trägt, und nicht der Marsch des Todes. Auf die Lebendigkeit und das Leben. Prost!"

Old Man Coyote in „Feuer ins Herz – Wie ich lernte, mit der Angst zu tanzen"

Zugabe: Zwei gesprochene Versionen von ① Apolut und ② Gunnar Kaiser:

① *https://apolut.net/das-heilige-sakrament-der-corona-impfung-von-gerald-ehegartner/*

② *https://www.youtube.com/watch?v=Adn8_ehqnıI*

77

*„Old Man Coyote zu Martin,
einem der Protagonisten
im Roman „Feuer ins Herz".
Dieser hatte sich etwas im
Dickicht der „Verschwö-
rungstheorien" verloren.*

Ein Gedicht

Also – waren es gestresste Fledermäuse,
transatlantische Halunken,
chinesische Getreideblattläuse,
eine Verschwörung der Dunklen?

Die Post von Mutter Erde?
Plutos stirb und werde?
Ein Zauberlehrling im Labor?
Oh – welch armer Tor.

Sind es geopolitische Ränke,
die Russen, die Triaden, wieder mal die Briten?
Oder gar die wild gewordenen Eliten?
Ich weiß nicht, ob ich noch richtig denke.

Vielleicht ist´s ja der ewige Krieg der Amerikaner,
die Rache der Indianer,
oder waren´s die Rächer der Enterbten
an den dunklen Weggefährten?

Waren es gar die Rosenzüchter oder die Rosenkreuzer,
außerirdische Oberschnäuzer,
Riesenkonzerne oder andere Wappler,
Freimaurer oder gekränkte Hochstapler?

Vielleicht der Aufstand der Seerosengießer,
der Beckenrandschwimmer, der Spießer,
der Warmduscher, Leisefurzer, mit dem Winde Pisser,
der Brusthaarentferner, Gehsteigscheißer und
Nutznießer?

Aber ich verrat´s euch - es sind die Bauchtanzgruppe
und die Goldhaubenfrauen,
die an der weiblichen Zukunft bauen.
Die goldene Krone geöffnet am Scheitel,
verbunden mit dem Leben – so uneitel.
Sie sind am Ball –
Ach, Martin, das Böse ist immer und überall.

Der Impfwahnsinn in 10 Akten

Teil I

Du glückliches Österreich, impfe!
(Pardon, dass sogleich die Überschrift mit einem Impferativ beginnt.)

Wien ist wirklich super. Jetzt gibt´s sogar einen Gutschein fürs Bordell inkl. Gratisimpfung. Zuerst war dann ich, der Schorsch, im Puff. „Nadel vor Nudel", hat mein Freund, der Franzi, zum neuen Gutschein gemeint. Das wär sein Motto.
Also: Ärmel hoch, dann gleich den ersten Gratis-Stich. Hat überhaupt nicht wehgetan. Hose runter- und durchimpfen. Hat richtig gut getan, mein Gratis-Stich. Wien hält einfach, was es verspricht.

Jeder kann kommen. Und alle haben da mitbezahlt. Das ist einfach extrem sozial. Jetzt will ich im Stephansdom die 2. Dosis holen. Ein wenig Segen kann ja nicht schaden und herrlich währt einfach am längsten. Die lange Schlange in der Kirche ist aber echt unangenehm. Und am Ende gibt´s nicht einmal ein Paar Wüstel. Auch keine Hostie.

„Gehens doch zur Impfburg", rät mir eine ältere Dame. „Der Bundespräsident lässt dort am Staatsfeiertag impfen. Nur ein Mückenstich. Das ist ein Meilenstein."

Aha: Die Hofburg wird zur Impfburg. Super. Wien ist echt anders. Ein richtiges Imperium. Also, 26. Oktober Zweitimpfungs-Termin. Weltklasse. Vielleicht gibt´s auch eine Hüpfburg. Aber scheiß auf die Kinder.

Besser, es gibt Würstel und der Präsident raucht dazu. Die asozialen Vollkoffer sollten auch die Chance nutzen. Überhaupt die Ausländer und auch die Neger in Amerika, die lassen sich net gscheit impfen. Strunzdumm, diese Unsolid-arier. Überhaupt nicht solide.

Wenn ich durchgeimpft bin, dann will ich die Gfrasta nicht mehr sehen. Lass mich doch nicht von denen anstecken, nur weil sich die nix pfeifen. Die wollten noch nirgends mitmachen. Die Tests und das Krankenhaus sollen die Trottel selber bezahlen. Und Recht hat der Szekeres: Steuern sollens auch mehr zahlen, die Verschwörer.

Mein Freund, der Karli, der voll intelegent ist und sich mit dem Universum und so super auskennt, sagt zwar immer: „Der ist nicht die hellste Kerze auf der Sachertorte. Den will ich am liebsten dorthin beamen, wo der Pfeffer wächst. Der lässt sich leicht beamen", sagt er, weil das Gehirn am schwierigsten zum Beamen wäre. Bei Beamten wär das halt leichter. „Karli beamte Beamte. Der Szekeres war der erste Prototyp", wird´s mal heißen.

Der Karli ist in letzter Zeit aber überhaupt a bissl komisch. Er meint immer: „Freuden-, Kirchen- und Politikhäuser sind die unheilige Trinität des Verderbens. Und: Ein Gut-schein bedeutet noch lange nicht Gut-sein." Ich versteh solche Impformationen gar nicht und der Franzi hat ihm dafür schon mal einen Aluhut aufgesetzt.

Ich kauf mir jetzt auch zwei Packerl Tschick, so wie die Politika. Sicher gesund. Der Präsident, sein Hund und der Minister für Gesundheit rauchen ja auch. Und die Würstel kauf ich mir jetzt selber und gleich ein paar Alu-Dosenbier dazu. Und vor der Impfung habe ich echt keine Angst. Hab ja ein super Immunsystem.

Was feiern wir eigentlich am Staatsfeiertag? Aja, den Abzug des letzten Ungeimpften. Oder war´s doch die immerwährende Impfung?

Wurscht – ich bin dabei bei diesem Impfwunder, auch wenn sich der Karli wundert! Und auch ohne Würstel! Prost!

Teil 2

Das neue Statussymbol – der Impfstatus

Der Franzi, der Karli und ich, der Schorsch, gehen wahnsinnig gerne zum Wirtn um die Ecke. 3G steht dort. Das nervt den Karli.

Und jetzt bockt er. „Neger, Schwule, Lesben, Juden. Alle dürfen rein. Sogar Indianer und Eskimos. Nur gesunde Ungeimpfte, die müssen draußen bleiben. Was ist das für eine Parodie auf das Leben." Als ich gemeint hab, 3G steht doch für 3 Gefährten, hat er das gar nicht lustig gefunden.

Der Franzi und ich verstehen die Gedanken vom Karli oft nicht. Nur schade, dass er jetzt kein Bierchen mehr zwitschern darf. „Rechte Sau und Impfverweigerer", hat ihn aber der Franzi geschimpft. Das hat ihm der Karli ziemlich übel genommen. Der Stammtisch ist somit adé.

Jetzt sind wir ein Duo. Ein zweifach geimpftes Duo. Und ein halber Freund dazu. 2,5 G also. Nun aber gibt´s mal eine richtige Schluckimpfung mit Alkohol. Ist zwar keine Lösung, aber ein Destillat.

Der Abend mit dem Franzi war super. Sechs Bier. Nur die Kellnerin wollte meinen Impfpass nicht sehen. Mein Enkerl, der Kevin, hat mir extra mit dem Pass für das Handy geholfen. Ich hab´s gleich der Wirtin gemeldet. Das kann ja wohl nicht sein, dass die sich für meinen Pass nicht interessiert.

Immerhin war ich dafür extra im Puff und dann doch im Stephansdom. Da steckt mich vielleicht noch irgendein ungeimpftes U-Boot im Lokal an. Ich sag´s auch dem Ärztekammerpräsident Szekeres und dem Minister für Gesundheit und Turnschuhe, dem Mückstein. „Mein

Gott, du steigst im Passgang daher. Wie ein halbstarker, besoffener Bär", erklärt mir der Karli nächsten Tag, als ich ihm den Impfpass zeige. „Wie der Mückstein das Studium geschafft hat, ist mir ein Rätsel.

Auch beim Ärztekammerpräsident. Die genmanipulierten Impfstoffe können sie sich in den Allerwertesten schieben. Net einmal ein Jahr Entwicklung und nicht richtig zugelassen." Ich hab dem Karli erklärt, dass er viel zu kritisch ist und ich auch noch leb. Dann hat er mir erklärt, dass die neue Impfmethode noch nie zuvor die Studentenphase 2 durchlaufen hat, geschweige denn die Phase 3.

Und jetzt wär ich in der Phase 3 ein Versuchskaninchen und ein internationaler Studienteilnehmer. Ich hab mich echt gefreut, denn studiert habe ich ja noch nie. Ich studier oft nur, ob ich genug Bier zuhause hab. Studiert hat der Karli schon. Philosophie, glaube ich, dann hat er geheiratet und das Studium abgebrochen. Pfarrer konnte er nicht mehr werden. Ich glaube, darum ärgert ihn das auch so mit den Studien.

Dass der Karli so rechtsradikal worden ist, das wundert mich. War immer grün und sozial. Die Ausländer hab ich nie recht gemocht. Der Karli schon. „Schorsch, das ist Faschismus pur. Und eine Pandemie der Städter und Akademiker." „Echt, ich bin Student und Akademiker?", hab ich den Karli gefragt. „Nein, aber ein Städter, du Hirsch. Schau nur die Künstler an, schweigen fast alle.

Wie in den 30er Jahren. Genau dasselbe. Während des Faschismus verhalten sie sich ruhig. Nachher texten und singen sie wieder. Danach haben´s wieder alles gewusst." „Geh, was hast du denn gegen Künstler. Bist ja grün." „Und du grün hinter den Ohren." „Geh, Karli", hab ich gemeint. „Wo ist der Faschismus? Mir fällt nix auf." „Nur wenn man dagegen ist, fällt´s auf, Schorsch. Das einzige, wogegen du bist, ist ja die Sommerzeit." Ich hab dann dem Karli eine reingezogen. Er meinte extrem provokant: „Mein Körper gehört mir. Ich bin unantastbar in meiner Würde."

Jetzt weiß er, dass ihm sein Körper nicht gehört und dass er antastbar ist. Das war dem Karli eine Lehre, dieser rechten Sau. Recht hat er gehabt, der Franzi.

Teil 3

„Der Gesundheitsminister ist der Dümmste, den wir je hatten" – sagt der Karli

Angefressen war er auf mich, der Karli. Ich, der Schorsch, kann´s auch verstehen. Nur der Karli hat mich genervt mit seiner unantastbaren Würde und so. Da ging´s mit mir durch.

Jetzt ist er zuhause und kuriert sich aus. Ich hab ihn besucht. Der Karli war tapfer, nachdem ich ihm ja vor ein paar Tagen eine rübergezogen hab. Ich hab mich entschuldigt und ihm nochmals erzählt, warum ich in der Hofburg nicht geimpft worden bin, sondern im Stephansdom.

Er hat dann immer nur gemeint, dass eine Impfung in der Hüpfburg Humbug und sowieso peinlich wär. Und die in der Barbarakapelle vom Stephandom barbarisch. „Ich habe noch eine Fahne vom Vortag gehabt, weißt, Karli. Die hat der Polizist am Eingang von der Hofburg gerochen. Ich hab dem Sheriff dann erklärt, dass meine Fahne in den Farben Österreichs riecht. So was kann ich.

Dann hat er mich gefragt, was ich getrunken hab. Einen Roten, einen Weißen und wieder einen Roten, habe ich gesagt. Dann hat er 'Abmarsch, du Flasche' zu mir gemeint. So war ich gleich in der Barbarakapelle. Die waren dort freundlicher. Danach hab ich dem Karli erklärt, dass ich das eh alles furchtbar find, dass das Leben derzeit irgendwie richtig kacki ist. „Das ist ja das Problem, Schorsch", hat er gemeint. „Wir leben in einer Kakistokratie, in einer Herrschaft der Schlechtesten."

Ich hab gemeint, er soll mir doch ein Beispiel nennen. Er hat dann gesagt: „Schau dir nur den Gesundheitsminister an. Glaubt daran, dass der Impfstoff lokal im Muskel bleibt und lebt nur von seinen Seilschaften. Wie konnte der das Studium schaffen? Er ist dumm wie Stroh. Da war der Volksschullehrer vor ihm noch gscheiter. Und jetzt führt er die 2,5-G-Regel am Arbeitsplatz ein. Faschismus pur.

Und der neue Bundeskanzler ist auch Schall und Rauch. Glaubt, er kann ganz frei Mauern bauen, die uns trennen. Schorsch, ich spalte nicht. Ich sag nur meine Meinung. Aber die spalten uns bewusst, bis einem die besten Freunde die Fresse polieren." „Ja, aber die Impfung ist doch super und sicher, Karli", hab ich gesagt. „Kennst du das große Impf-Paradoxon?", hat er dann gemeint. „Nein." „Ich sag´s dir, Schorsch.

Erstens: Die Impfung ist die beste und sicherste, die wir je hatten.
Zweitens: Die Hersteller wollen keine Haftung für Impfschäden übernehmen. Das macht der Staat, also wir."

„Echt?", habe ich dann gemeint. „Aber aus Solidarität muss man sich trotzdem impfen lassen." Dann kam der Karli mit Studien daher – eine aus Ochsford oder so, die sagt, dass Geimpfte bis zu 251 mal mehr Viren in sich tragen als Ungeimpfte. „Somit verstößt der Slogan *Impfen ist Nächstenliebe* gegen das 8. Gebot *Du sollst nicht lügen*, Schorschi."

Außerdem hat der Karli dann gemeint, dass wir in diesem Jahr genauso blöd dastehen wie letztes Jahr, nur war da kein Schwein geimpft. Jetzt wär die Risikogruppe sogar super durchgeimpft. Beim Wort Risikogruppe hat er mir tief in die Augen geschaut. Weiß gar net wieso.

Ich habe dem Karli gesagt, dass ich davon im ORF nix gehört hab und er sich nur im blöden Internet informiert.

Da hat er einen Hustenanfall bekommen. „Schorsch, du sitzt jeden Tag in der großen Angst-Propaganda-Show und glaubst, du informierst dich. Ich hab diese große Blase verlassen. Schau mir lieber viele kleine Blasen an und stell Fragen.

Ich übernehm selbst Verantwortung für mein Leben. Du wirst ja nur nach-gerichtet und spielst dich als Richter auf." Da hat´s mir gereicht. Jetzt hat der Karli ein zweites blaues Auge. Irgendwo muss auch mal Schluss sein. Mit Covidioten kann man echt nicht reden.

Teil 4

Der Impf-Pate und das abgesagte Martinsfest

Jetzt liegt der Karli im Krankenhaus. Herzinfarkt. So was auch. Der hat immer so gesund gelebt. Ich, der Schorschi, glaub, ich muss ihn doch besuchen, auch wenn ich ihm letztens wieder eine Ordentliche mitgegeben hab. Dem alten Impfverweigerer.

Mit meinem Impfpass komme ich super rein ins Krankenhaus. Alle sind so freundlich zu mir. Da liegt er, der Karli. 2 Stents habens ihm gesetzt. „Grias di, Karli. Wie geht´s dir?" „Ach du bist´s, Schorschi. Schön, dass du da bist. Du, jetzt kann ich jeden Tag 2x ´Stent by me´ singen." Der Karli hat immer schon so einen Schmäh gehabt.

„Karli, wie gibt´s denn das bei dir? Du lebst ja so gesund." „Weißt du, Schorsch, ich glaub, mir ist alles aufs Herz gegangen. Im Widerstand braucht man an einem Tag mehr Energie als alle anderen in einem Jahr. Übrigens, das ist Esther."

Neben dem Karli liegt eine ältere Dame. „Nicht mehr ganz so jung, aber fit wie ein Turnschuh", meint der Karli. „Jetzt habens den Kindern auch noch das Martinsfest abgesagt", schimpft der Karli auf einmal. „Im Freien – die Kleinen. Meine Enkerl weinen schon den ganzen Tag wegen den Faschisten." „Aber Karli, Vorschrift ist Vorschrift. Pflicht ist Pflicht. Was haben wir denn alles schon mitgemacht." „Geh, Schorsch.

Am Vormittag sinds gemeinsam drinnen im Kindergarten und am Abend dürfens im Freien nicht die gebastelte Laterne tragen. Die spinnen ja mit ihrer kognitiven Dissonanz." „Womit spinnen die? Und außerdem: Für die Regierung ist es schwer, Karli." „Ja eh. Den Geimpften müssens erklären, dass die Impfung nicht gscheit wirkt, damit sie wieder impfen gehen. Uns Ungeimpften müssens erklären, dass die Impfung super wirkt, damit wir endlich gehen."

Da muss ich mich schon wieder ärgern über den Karli. So ein querulanter Querdenker. „Hier hast du ein paar Rosen, Karli, weil du die so magst. Und ein paar Red Bull. Dann kannst Servus TV besser anschauen. Alkohol magst ja nicht. Jetzt darfst auch nicht." „Danke für die

Anspielung. Esther meint, sie erinnert die Zeit momentan an die 1935er Jahre. An 1933 wären wir schon vorbei. Die hat einen scharfen, unbestechlichen Blick."

„Geh, Frau Esther, das ist nicht Ihr Ernst. Wie sollen Sie sich erinnern können?" „Ich bin 95, junger Mann", sagt sie. „Und ich war in den letzten Kriegsjahren im jüdischen Widerstand. Jetzt erleben wir etwas Ähnliches schon wieder, aber seitenverkehrt in anderen Gewändern."

Ich sag nichts zu diesem Blödsinn. Die Frau ist halt schon alt und kommt mit der neuen Zeit nicht mehr zurecht. Ich sag aber den beiden, dass ich nun mit meinem 12-jährigen Enkerl impfen geh. „Bist jetzt Impf-Pate, Schorsch? Muss sich dein Enkerl einen Anzug anziehen und habts nachher eine Impf-Feier? Was schenkst ihm? Einen Pharmakoffer oder gleich einen Impf-Bus?" Ich muss mich ärgern über den Karli.

Und auch über die Esther, die laut lacht. „Gnädige Dame, sind Sie geimpft, haben Sie einen Impfpass?", frag ich direkt. „Junger Mann", sagt sie. „Ich hatte schon einen gefälschten Ahnenpass, als Sie noch nicht mal in die Windel geschissen haben.

So haben wir damals überlebt." „Nochmals, Schorsch: Sie ist Jüdin und hat Schlimmes erlebt. Etwas Respekt", flüstert mir der Karli zu. Ich beuge mich über den Karli und sag ihm ins Ohr: „Weißt was, wegen euch haben wir

in Kürze einen Lockdown. Und zweitens: Von denen da"
– ich zeige auf die Esther – „habe ich eh nie viel gehalten." Dann ging alles blitzschnell in Zeitlupe. Die Faust
vom Karli fährt schlagartig auf mich ganz langsam zu,
die Esther schreit ganz schnell, die Faust trifft mich, eine
Krankenschwester kommt angelaufen – und ich hab ein
blaues Auge. „Knockdown statt Lockdown", sagt der Karli. Ich geh heim mit einem Veilchen.

Teil 5

Ivermectin und die Impfpflicht

So, jetzt liegt der Franz auch noch im Spital. Impfdurchbruch, sagt seine Gattin. Gleich darauf ruft mich die Frau
vom Karli, dem alten Coronaleugner, an. Seine Gerlinde
erzählt mir, dass sich der Karli bei mir wegen des Veilchens entschuldigen will.

Ich weiß nicht, was los ist, aber auf einmal laufen mir
die Tränen runter. Ich hab das letzte Mal bei meiner
Darmspiegelung vor 5 Jahren geweint, bin echt ein harter Hund. Ich hab aber gleich wieder aufgehört, denn die
Gerlinde bittet mich, dem Karli vorsorglich Ivermectin
mitzunehmen.

Dem Franzi soll ich es auch irgendwie bringen. Ich erwisch den Franzi am Telefon. Der regt sich gleich voll auf
und sagt: „Ich bin doch kein Pferd. Scheiß auf das Pfer-

dewurmmittel. Soll der Kickl nehmen." Ich ruf wieder die Gerlinde an und frag sie: „Sag einmal, willst du eine reiche Witwe werden? Der Franz sagt, der ORF sagt, dass das ein besseres Pferdewurmmittel ist.

Der Karli ist kein Pferd, höchstens ein sturer Ochs. Ein Coronaleugner." Da fährt mich die Gerlinde an und sagt: „Erstens leugnet der Karli nicht Corona. Zweitens ist das Wort bewusst geschaffen worden, um an Holocaust-Leugner zu erinnern und einen sehr fein ins rechte Eck zu drängen.

Da sind ganz fiese Typen am Werk, das sag ich dir. Somit ist das Wort 2x falsch und äußerst perfide. Zweitens würde ich mal woanders die Wahrheit suchen außer in der ewig selben, großen Glocke, Schorsch. Weißt du, dass die beiden Entwickler von Ivermectin 2015 genau für dieses Medikament den Nobelpreis erhalten haben? Und jetzt frag ich dich: Glaubst du, das war deswegen, weil die ein so super Pferdewurmmittel erfunden haben?

Das Mittel wird schon lange in der Humanmedizin eingesetzt und es gibt vielversprechende Forschungsergebnisse auch bei Covid19. Gschäft machens halt keines, wenn Medikamente wirken. Und die Impfung klappt ja eh net wirklich. Siehst ja eh beim Franzi."

Also dann bringt mir doch wirklich die Gerlinde das Mittel und ich renn als Geimpfter ins Krankenhaus. Wie ich so zum Karli gehen möcht, hör ich, wie der Arzt vor dem Zimmer von Karli zur Krankenschwester sagt: „Was, der ist nicht geimpft? Und die alte Dame auch nicht? Das werden wir den beiden spüren lassen." Da hat sich doch die Krankenschwester aufgebäumt und gmeint: „Wissens was, ich bin geimpft, aber das sind Menschen und keine Unter-Menschen zweiter oder dritter Klasse. Ich weiß nicht, drehen jetzt schon alle durch?" „Das sind die Sündenböcke der Pandemie, meine Liebe", sagt dann der Arzt. „Ich würde diese asozialen Elemente in die Wüste verjagen."

Na da hat´s mir aber gereicht. Über den Karli so blöd daherreden. Ich hab geschrien, dass der Gang gewackelt hat. „Wissen Sie, wer da eigentlich drinnen liegt? Mein Freund, der Karli. Der Karli ist saugscheit, viel gscheiter als Sie Lackaffe. Und der Karli hat ein Herz. Ihr Herz ist ein Leberknödel. Wenn man bei Ihnen vorbeigeht, dann hat man am Kaffee eine Eisschicht droben.

Bin ich froh, dass ich vorher nicht beim Kaffee-Automaten war. Der Karli aber mag alle und er hat so einen Gerechtigkeitssinn, der sture Ochs. Der hat sogar Freunde bei den Juden. Die alte Frau neben ihm ist übrigens auch eine Jüdin. Und der Karli ist einer meiner letzten Freunde.

Und jetzt ist mein zweiter Freund mit einem Blinddarmdurchbruch – ah – mit einem Impfdurchbruch im Spital. Ich halt das nicht mehr aus." Und schon wieder wein ich. Die Krankenschwester beginnt auch zu weinen. Der

Arzt schüttelt den Kopf. „Heut ist komplett der Wurm drin", sagt er dann. „Brauchens ein Pferdewurmmittel?", ruf ich ihm hinterher. „Sie sitzen eh auf so einem hohen Ross." „Meinen Sie Ivermectin?", fragt die Krankenschwester leise. Ich sag „Ja". „Psst", meint sie. „Kommen Sie mit. Ich helf beim Dosieren." Dann gehe ich harter Hund mit dem Ivermectin zum Karli. Wie ich ihn seh, muss ich schon wieder weinen.

Die Krankenschwester auch. „Mich werden wegen der kommenden Impfpflicht wahrscheinlich einige der liebsten Kolleginnen verlassen. Die sind auch so stur wie Ihr Karli." Da sieht mich der Karli und weint auch. „Ja, die Minderheiten wurden immer schon gerne beschuldigt und verfolgt. Du schönes, armes Österreich", meint die alte Dame. Dann weint sie auch.

Teil 6

Ich geh jetzt auch protestieren!!! Mir reicht's!

Da stehen wir in Karlis Zimmer. Alle haben wir noch Tränen in den Augen. Dann kommt der Arzt, der so blöd über den Karli geredet hat. „Bitte verschwinden Sie, die Besuchszeit ist zu Ende", meint der Lackaffe.

„Und warum sind Sie eigentlich nicht geimpft?", fährt er den Karli an. Da legt die 95-jährige Esther los. „Kennen Sie, junger Mann, den Nürnberger Kodex? Niemand darf zu einem medizinischen Versuch gezwungen werden. Es braucht eine freiwillige Einwilligung und eine hervorragende Aufklärung.

Derzeit erleben wir aber Propaganda und Unfreiwilligkeit. Österreich ist zu einer Insel der Unseligen geworden, wo erstmals auf der ganzen Welt die Ungeimpften in einen Lockdown gezwungen werden. Barbarisch."

„Gnädige Frau", meint dann der Arzt. „Sie gehören definitiv zur Risikogruppe und wenn Sie nicht sterben wollen, dann impfen Sie sich am besten gleich vorgestern." Die alte Dame lacht. „Glauben Sie, ich habe in meinem Alter Angst vor dem Sterben?" Dann lacht sie wieder.
„Ich werde morgen das Krankenhaus verlassen", meint dann der Karli. „Und wenn es meine Kraft zulässt, werde ich am Wochenende erstmals protestieren gehen. Diese Spaltung des Landes ist unerträglich. Meine Enkelkinder können zum Teil ihre liebsten Hobbys nicht mehr ausüben, weil sie nicht geimpft und genesen sind. Hannah tanzt für ihr Leben gerne. Jetzt sitzt sie zuhause vor den Scherben ihrer Träume. Sie wollte Tänzerin werden. Und Jonas darf nicht in sein Kung-Fu-Training. Was bringt das? Glauben Sie wirklich, dass ungeimpfte und getestete Kinder eine Gefahr für die Gesellschaft sind? Wenn ja, dann gute Nacht."

„Ich werde mitgehen", sag ich, der Schorschi, auf einmal. Ich weiß nicht, warum mir das rausgerutscht ist, aber ich habe es auch satt, dass wir alle nur streiten.

„Ist das hier ein Verschwörungsraum für Corona-Leugner?", meint dann der Volldillo von Arzt.

„Der Gesundheitsminister und die Verantwortlichen in der Politik machen ihren Job ausgezeichnet. Sie aber gefährden nur alle", sagt der wieder.

Dann sagt die Esther auf einmal: „Junger Mann, Sie verwechseln Präpotenz mit Kompetenz. Genauso wie Ihr Gesundheitsminister. Ein flackerndes Irrlicht auf der Lampe der Gesellschaft."

Und der Karli legt nach und meint: „Außerdem lasse ich mir nicht von den beiden Risikopatienten in Wien vorschreiben, was ich zu tun habe. Die beschließen ständig mit ihrer vor Angst und Geld vollen Hose irgendwelche wahnsinnigen Maßnahmen und richten nun sogar eine Off-label-Impfstraße für 5- bis 11-Jährige ein. Das stinkt zum Himmel. Schämen sollen die sich."

Ich muss lachen, die Esther auch. Die haben Mut, denke ich mir. Die Krankenschwester huscht hinaus und der Arzt, der dumme Schnösel, macht kehrt und verlässt unser Verschwörungszimmer.

Die Esther bittet mich, ihr meine Hand zu reichen und auch die vom Karli zu nehmen.

Sie stimmt ein Lied an. „Hevenu Shalom Alechem" heißt dieses. Sie singt nicht mehr so gut, aber ich harter Hund muss schon wieder weinen, weil sie so viel Gefühl reinlegt. Am Ende singen wir alle, auch wenn ich den Text nicht verstehe. Die Krankenschwester kommt wieder rein und bleibt stehen. „Ich komm auch zur nächsten Demo mit. Demo hat ja was mit Demokratie zu tun. Mir reicht´s einfach. Die angekündigte Impfpflicht für das Gesundheitspersonal ist doch nur das Trojanische Pferd für eine generelle Impfpflicht. Und dagegen bin auch ich, obwohl ich mich hab impfen lassen. 1 G sollte „Eine Gemeinschaft" heißen. Der Lockdown für Ungeimpfte ist nichts anderes als die reine Katastrophe. Wir können das Leben doch nicht nur virologisch sehen."

Teil 7

Die Demo und das Leid-Medium

Also, da bin ich nun unterwegs mit dem Karli auf der großen Demo in unserem schönen Wien. Der Karli nennt sie Mega-Demo. Normalerweise ist der Karli fit wie ein Turnschuh, jetzt aber ist er wegen seiner Stents schon ein wenig schwach. Aber er ist halt stur. Und ich bin gespannt wie ein Regenschirm, weil ich noch nie auf einer Demo war.

„Karli, da sind viele ältere Leute wie wir – und junge fesche Mamas mit Kinderwägen. Schau dir den Kinderwagen an. Wow. Aja: Wo sind eigentlich die Rechten?"

„Schorschi, die musst du mit der Lupe oder der ORF-Kamera suchen, dann findest du sie. Nein, im Ernst. Sicher gibt es die. Aber es sind nur wenige."

Der Karli und ich gehen Richtung Heldenplatz, doch wir kommen gar nicht mehr rein, denn die Menschenmassen sind so groß. Ober uns knattert ein Hubschrauber. Ich seh zwei israelische Flaggen und der Karli und ich gehen zu denen rüber.

„Wie viel, schätzt du, sind hier?", frag ich den Karli. „Ich denke jetzt schon Richtung 100000."

Ich rufe den Franzi im Spital an. „Wo bist du, Schorsch? Bei den Corona-Leugnern und Rechten? Bist du gekippt wegen dem Karli? Es gibt schon Ausschreitungen, sagen die im Fernsehen. Und 7000 sollt ihr sein."

„Geh, die Leute tanzen, Franzi. Und es sind so viele, dass wir uns einen neuen Platz suchen müssen. Alle sind so fröhlich und normal."

„Ich sehe es doch im ORF, was bei euch los ist. Lüg mich nicht an, Schorsch."

Da hab ich ihm alles Gute gewünscht und bin mit dem Karli weitergezogen Richtung Schwarzenbergplatz. „Schau, alle sind da, die gegen die Maßnahmen aufstehen. Das ist eine echte Graswurzelbewegung. Die meisten anderen Bewegungen sind im Vergleich ja eh nur gekaufte Kunstrasen", erklärt der Karli. Wir sind dann später weitergezogen zum Ring, vorbei an einer feschen Ärztin, die ihr Gesicht zeigt. Die Polizei ist richtig nett. Einer hat sogar am Helm „Nein zum Impfzwang". Hinter mir sind plötzlich erstmals ein paar Lautere. „Das könnten Rechte sein, Schorsch", meint der Karli. Der Karli und ich blicken über den Ring und wir können es nicht fassen. Der Ring ist fast voll. „350 000 Teilnehmer, meldet der Polizeifunk", ruft ein junger Mann.

Mein Telefon läutet. Der Franz ist wieder dran. „35000 Wahnsinnige seids jetzt", sagt er. Ich sage ihm, dass wir bis zu 10x mehr sind und warum der ORF die Zahl plötzlich doch a bissl anhebt und dass die Presse lügt. Und außerdem seien die Leute bei der Demo hier ganz unterschiedlich und friedlich. Da hat der Franzi gesagt: „Ich les doch den Kurier und seh den ORF. Sag einmal – bist du auf einer anderen Demo?"

„Nein, Franzi, ich bin hier am Ring." „Dann brauchst an neuen Optiker", sagt der Franzi, „und auch ein neues Hörgerät, denn du siehst und hörst alles falsch." Ich will dem Franzi Fotos schicken, aber der blockt ab. So wünsch ich ihm alles Gute. Ich geb´s zu: So eine tolle Stimmung habe ich schon lange nicht mehr erlebt.

Ich bin ein echt harter Hund, aber mittlerweile wein ich fast schon jeden Tag. Der Karli, der hat echt eine feste Meinung. Der steht wie die Eiche im Wienerwald. Schade aber, dass der kranke Franzi glaubt, dass auch meine Augen und Ohren fake-news empfangen. Bald werden auch die gesperrt werden. „Dann gilt nur mehr der Staatsfunk durch die 3-D-Brille", sagt der Karli.

Wie ich dann ziemlich müd und fröhlich zuhause bin, dreh ich den Fernseher auf. Da reden´s die ganze Zeit von den sich radikalisierenden Demos und Rechten – besonders am Tag darauf. Noch dazu schreibt der Armin

Wolf, dass man sich nicht wundern braucht, wenn man Rechten hinterherrennt. Aber die paar Kasperln sind doch mir nachgegangen – und ich ging ja in eine gute Richtung.

Ich ruf den Karli an. Der sagt: „Der Wolf ist gscheit, aber ziemlich selbstgefällig, so wie das manipulative Schlachtschiff ORF.

Und, Schorschi, das war erst der Anfang. Es wird noch riesig, Schorschi. Ganz groß. Jetzt sind die Leute bereit, ihr Gesicht zu zeigen und ihren Arsch zu heben. Sie lassen sich von den Medien nicht mehr unterkriegen. Das war erst der Anfang. Demo-Abo statt Impf-Abo."

Teil 8

Das Problem sind nicht die Ungeimpften – das Problem ist der Impfstoff!!!!! (und die Trottel-Politik)

So, der Franzi ist zurück vom Krankenhaus. Da liegt er nun zuhause und will keinen Besuch. Froh ist er, dass er geimpft ist, sagt er. Sonst wär er auf der Intensivstation gelandet. Ich bin dreimal geimpft und kenn mich überhaupt nicht mehr aus. So viele Freunde sind gerade erkrankt, obwohl sie geimpft sind.
Dann die Demo, wo ich liebevolle Menschen kennen gelernt hab.

Dass so viele Menschen friedlich bleiben können, das wundert mich richtig.

So was kenn ich nicht. Der Karli meint, dass man daran sieht, dass diese Menschen ganz anders sind, als die Medien berichten. Und ich muss ihm zustimmen. Und dann hab ich mit eigenen Augen gesehen, dass es viel mehr Menschen waren, als die Medien schreiben. Mir war nicht bewusst, dass die so viel lügen. Aber dann frage ich mich wieder, warum die Intensivstationen so voll sind. „Weißt du, Schorschi", sagt dann der Karli.

„Vor einem Jahr war keiner geimpft. Und jetzt ist gerade die Risikogruppe super durchgeimpft. Und dann das. Ich sag´s dir: Die Impfung wirkt kaum. Der Impfstoff ist das Problem, nicht die Ungeimpften. Die Ungeimpften müssen nicht die Geimpften schützen – diese Aufgabe hat schon der Impfstoff. Aber die Ungeimpften müssen nur für das Versagen des Impfstoffes und der Politik herhalten.

Schau – würde der Impfstoff total gut wirken, wir hätten kaum Leute von der Risikogruppe im Spital.
Von den anderen Gruppen auch viele weniger. Es müsste sich im Spital deutlich zeigen. Ich sags dir, insgeheim spüren das viele der Maßnahmenbefürworter."
Und dann fährt der Karli fort: „Da baut man vom letzten Jahr bis jetzt mehr als 400 Intensivbetten ab.
Schorschi, das ist himmelschreiend. Man hätte die Intensivbettenanzahl erhöhen müssen. Was ist da los? Will man ein Problem hochkochen, um damit etwa Politik zu

machen? Okay, eine Verschwörungstheorie – genauso wie die Impfpflicht immer als eine verkauft wurde."

Ich denke nach Karlis Worte über den Franzi nach. Der spinnt total auf die Ungeimpften, obwohl er von einem Geimpften angesteckt wurde. Warum spinnt er eigentlich nicht auf den Impfstoff, der den Anstecker und ihn nicht verschont hat?

Ich bin schön langsam mit meinem Latein am Ende.
„Karli, was glaubst du, kommt jetzt?"
„Die Frage, Schorschi, ist: Wie weit werden sie gehen? Werden sie uns Ungeimpften irgendwann in naher Zukunft die Fensterscheiben einschlagen? Werden Bücher von Ungeimpften verboten, verbrannt? Werden sie uns in Psychiatrien zwangseinweisen? Werden wir Ungeimpfte gekennzeichnet und bespuckt werden? Werden wir den Führerschein verlieren? Wird man das alles machen, während man schwört, dass so etwas wie im Dritten Reich nie wieder passieren darf? Wird man Gedenkveranstaltungen gegen Ausgrenzungen und Vernichtungen abhalten, während man sie parallel vorantreibt? Wie groß kann eine kognitive Dissonanz werden?"

„Aber wie kann das alles passieren, Karli?"
„Ich glaub, weil die Politik ablenken will davon, dass der Impfstoff und ihre Taktik voll danebengehen. Und sie machen das mit dem geheimen Lehrplan."
„Welchem?"
„Jede abweichende Meinung tötet Menschen."

Das sagt der Karli und meint, dass man über die Pandemie sowieso eine internationale Diktatur einläuten will. Ich ruf dann den Franzi an. Na, der freut sich über mich.

Dann fragt er, ob ich wieder normal bin und dem ORF vertraue. Ich sag dann, dass ich nur meinen eigenen Augen und Ohren traue. „Verschwörungstheoretiker und Egoist", schimpft mich der Franzi. „Ich bilde mir ab jetzt meine eigene Meinung. Und da brauch ich meine eigenen Augen", sag ich. „Jede eigene Meinung kostet Menschenleben.

Du musst auf Experten horchen, Schorsch. Niemand hat jetzt mehr die Freiheit auf eine eigene Meinung." Dann legt er auf, der Franzi. Wenn er meint ...

Ich gehe jedenfalls wieder demonstrieren für unsere Grundrechte - mit all den super Leuten. Das ist genau unsere Chance. Jetzt oder nie.

Teil 9

Impfpflicht, Streik und Licht ins Dunkel

Also, dann besuche ich heimlich den Karli gegen Abend. Nur ganz kurz – wegen der Ausgangssperre. Der Karli aber meint, ich soll bleiben.
Ich setz mich mit Abstand in Karlis Wohnzimmer auf die Couch.

„Du bist mit Abstand der beste Freund", lacht der Karli. Als ich heimgehen will, sagt der Karli dann. „Sei nicht so brav. Die verarschen uns doch eh nur. Machen wir doch so eine Feier wie die Politprominenz im ORF? Ich lege ´Live is life´ von Opus auf und wir klatschen steif im Rhythmus und ohne Abstand und Anstand."

Der Karli, der Depp, macht´s wirklich. Dann dreht er die Musik richtig laut, öffnet die Fenster und klatscht. Draußen klopft es an der Tür. Ich bin wirklich voll gestresst. Zwei Nachbarinnen kommen mit einer Proseco-Flasche und Gläsern. „Prost. Auf die Freiheit!", rufen die Damen. Ich halt´s nicht aus. Beim Karli weiß man wirklich nie, wohin das Leben geht.

Dann macht der Karli noch ein Foto vom Hintern einer der Damen. Gut, dass seine Frau bei einer Freundin ist.

„Ich muss das dem Arbeitsminister nachmachen, wie der die Frau Minister für EU und schlechter Verfassung abfotografiert hat. Mein Gott, sind wir von Kasperln geführt, die voll einen auf Autorität machen wollen, obwohl sie unsere Angestellten sind, die wir bezahlen. Der Graf Bobby ist der Schlimmste. Der ist so kalt, dass wir am Prosecco jetzt eine diplomatische Eisschicht hätten, würde er nicht Abstand halten. Opus würde ich übrigens eine Woche bei Opus Dei verschreiben. Selbstkasteiung. Was ist nur mit unseren Künstlern los? Sind die echt alle so käuflich?"

„Am kommenden Mittwoch streiken wir, okay?! Ich bleibe einfach zuhause. Pseudokrankenstand", ruft die Dame, die sich Marianne nennt.

„Und ich sag´s meinem Chef ehrlich, was los ist. Ich riskiere das", meint die andere, die Maria.

„Die mutigen Frauen gehen voran", erklärt der Karli.

Er meint, dass es egal ist, ob man einfach pseudokrank zuhause bleibt oder offen sagt, was los ist. Jedenfalls sollte jeder streiken, der gegen die Impfpflicht ist.

„Wer jetzt Angst vor dem Streik hat und arbeiten geht, der hat nichts verstanden – und erntet eine Impfpflicht, bei der er sowieso die Arbeit verliert, sollte er nicht geimpft sein. Jetzt muss man das Schneebrett stoppen, sonst werden wir von einer Lawine überrollt."

Die Marianne erklärt dann, dass sie in der Pflege tätig ist.

„Wir vom Gesundheits- und Pflegepersonal haben den Schlüssel in der Hand. Wenn wir – egal ob ungeimpft oder geimpft mit wenig Interesse an einem Impfabo - nicht mitmachen, können die sich die Impfpflicht in die Haare schmieren."

„Ich freu mich schon auf den 1. Dezember, dem Streiktag, da kommen wir wieder zu dir, Karli – und zwar auf ein Frühstück. Und am 4. Dezember heißt´s protestieren. Kommst auch mit, Schorschi?", fragt die Maria.

Während ich nach einer Antwort in meinem Gehirn suche, läutet es an der Tür.

Zwei Polizisten stehen am Eingang.

„Es gibt Beschwerden im Haus", meint der Kapperlständer.

„Wir feiern nur wie die vom ORF", erklärt der Karli.
Der ältere Polizist grinst. „Dann feierts weiter. Die verarschen uns eh nur."

Er dreht um und verlässt mit seinen Kollegen das Haus.
„Drehts die Musik halt ein wenig leiser."
„Wollens am Mittwoch zu uns streiken kommen?", hakt
der Karli nach.

Mir wird ganz anders. Was sich der immer alles traut.
„Gerne, da bin ich nämlich krank", sagt der Polizist.
„Darf der jüngere Kollege auch mit? Der fühlt sich für
den Mittwoch jetzt schon ganz ungesund."
So macht der Karli eine Streikparty aus. Voll illegal.

Ich trau mir das dem Maßnahmenbefürworter Franzi
gar nicht erzählen.
Obwohl – über die ORF-Party hat er sich auch extrem
geärgert.

„Hätt nur noch gefehlt, dass der Van der Bellen und der
Mückstein in die Kamera geraucht hätten", hat der Franzi gemeint.
Mich habens jetzt schon zweimal verarscht, denk ich mir.
Zuerst die Zahlen von der Demo, wo ich selber war und
dann das noch. „Ach, Schorschi", sagt der Karli. „Sieh´s
locker. Jetzt kommt halt einfach Licht ins Dunkel."

Teil 10

Weihnachten und das neue Lieblingshobby

„Wir Österreicher haben ein neues Lieblingshobby entdeckt: das Demonstrieren. Überall wachsen die Spaziergänge wie Schwammerl aus dem Boden", meint der Karli. „Die Leute sind normalerweise mit Fleisch, das wegen der Panier aussieht wie eine Mehlspeise, plus Kaffee und Torte hochzufrieden. Dann kriegens den Hintern nicht mehr hoch. Aber jetzt ist alles anders. Friedlich gehen die Leute auf die Straße. Nur in Wien sind manchmal ein paar Koffer dabei, die die Veranstaltung kapern wollen.

Aber das interessiert absolut niemanden außer die Medien, denn die Leute gehen jetzt eigenverantwortlich mit – nicht wegen einer Organisation oder einem Politiker. Es kommt von innen. Schau nur: In Linz fahren sogar die Bauern mit den Traktoren vor. Und die kann man nicht mehr nach rechts framen. Unmöglich. Ich bin so stolz.

Ein Weihnachtswunder." Der Karli und ich besuchen den Franzi. Wir sammeln nämlich Kleidung und Essen für Obdachlose, die keine Unterkunft mehr bekommen, wenn sie nicht 2G sind. „Das nenn ich christlich", schimpft der Karli. „Aber wundert´s dich, wenn unser Dompfarrer in Wien meint, dass er kein Mitleid für Ungeimpfte hat. Der Ungeimpfte ist der neue Paria, der aktuelle Aussätzige. Er ist der Böse, der Sünder, an dem sich der Gute moralisch hocharbeitet. Leute mit großen

Egos tappen halt in diese Falle. Sind eigentlich Eheschließungen zwischen Geimpften und Ungeimpften noch legal?" Der Franzi empfängt uns leider unfreundlich. „Bist du endlich geimpft?", sagt er zur Begrüßung zum Karli. „Bist du endlich geläutert nach deinem Impfdurchbruch?", meint der Karli. „Ohne Impfung wäre ich gestorben", antwortet der Franzi. „Das sagen gerade alle, bei denen die Impfung nicht funktioniert", höre ich dann wieder den Karli. „Die Impfung funktioniert, man muss halt boostern". „Seit wann muss man bei einer funktionierenden Impfung ständig boostern? Und warum hat sich zum Vorjahr nichts geändert aufgrund der Impfung? Und warum haben bei einer super Impfung die Geimpften Angst vor den Ungeimpften?", meint der Karli wieder. „Wegen den ungeimpften, unzivilisierten Südafrikanern haben wir nun Omicron. Es wird alles immer blöder." „Aber geh, Franzi. Erstens: Man hätte mit den hunderten Milliarden Euro, die wir derzeit investieren, die ganze Welt schon lange vom Hungertod befreien können. Warum haben wir das früher nicht schon längst gemacht? Weil es eben um was anderes geht. Wir nehmen ja auch unfassbare Kollateralschäden in Kauf. Ich sag dir nur zwei: Pro Tag sterben 12 000 Menschen wegen der Maßnahmen an Hunger und mehr als eine halbe Million Haie lassen ihr Leben, weil man aus ihrer Leber einen Impfstoffverstärker gewinnt. Aber egal, betrifft ja nur Menschen armer Länder und Haie irgendwo draußen im Ozean. So und nun zum anderen: Die südafrikanische Medizinerin, die Omicron entdeckt hat, ist entsetzt, was die westliche Welt daraus macht. Politik und

Medien treiben ihr seltsames Spiel der Angst. Es ist ein Krieg. Und in diesem Krieg gibt es auch einen wirtschaftlichen, psychologischen, sozialen, kulturellen, bildungspolitischen, spirituellen und umweltpolitischen Tod."

„Du bist ein Verschwörungstheoretiker, Karli. Es gibt keinen Krieg." „Stell dir vor, es ist Krieg und keiner bemerkt ihn." Den Spruch vom Karli finde ich super. Recht hat er, der Karli. Jetzt merk sogar schon ich, dass Krieg herrscht – die Militärs kommen ja nun als Gecko verkleidet daher.

Nennen sich tatsächlich Gecko. Wahrscheinlich, weil sie überall sind und einem überall nachstellen. „Geh bitte. Außerdem brauchen wir ein wenig Diktatur bei all den Leugnern und Querdenkern", erklärt der Franz. „Mir sind Querdenker noch lieber als Gewehrdenker. Schau nur, wie das Militär immer mehr mitmischt. Wir sind in Österreich nach Deutschland und China auf Platz 3 der härtesten Corona-Diktaturen weltweit. Lies nach bei Our World Data. Wir sind halt sehr anfällig für Wahnideen.

Nicht erst seit dem Dritten Reich, denk nur an den Hexenwahn. Der war ja auch im deutschsprachigen Raum am stärksten." „Du hast einen Verfolgungswahn. Nicht einmal an die Fledermaus in Wuhan glaubst du." „Na, glaubst du wirklich, dass eine Fledermaus am helllichten Tag am Fischmarkt von Wuhan jemand angeschissen hat, der dann zum Patient Null mutierte, während nebenan das einzige Hochsicherheitslabor Chinas die größte Fledermausviren-Forschung der Welt betreibt?"

„Du bist der unwissenschaftlichste Mensch und into-leranteste Antidemokrat, den ich derzeit kenne! Solche Leute wie dich sollte man isolieren. Und gleich alle Ärz-te, die sich nicht an die Regeln halten", schreit der Franzi.

„Ihr könnt euch das Essen in die Haare schmieren. Ich spende es lieber direkt an die Caritas. Für ungeimpfte Obdachlose empfinde ich eh kein Mitleid. Ihr spaltet mit eurer Alternativmeinung nur die Gesellschaft!", schreit er. Dann haut er die Tür zu.

„Aha, die Vernichtung der anderen Meinung ist die Ei-nigkeit. Warst du beim Lauterbach auf Rhetorikkurs?!", schreit der Karli. „Nein, beim Szekeres", ruft der Franzi durch die geschlossene Türe raus. „Der hat Haltung und ist intelligent." „Was?", ruft der Karli. „Wennst jetzt auch noch sagst, dass er hübsch ist, dann weiß ich, dass das geheimnisvolle Impfkorrelat, das anscheinend ein jeder haben muss, das Hirn aufweicht. Der ist so fesch wie er intelligent ist." „Jetzt suchens schon Leute, die ab 1. Feb-ruar die Ungeimpften aufsuchen werden, um das Geld einzutreiben. 1 G kommt." „Ja, sollen mich jagen, wie ein Gecko Insekten jagt. Ich habe keine Angst vor gespal-tenen Zungen. Ich habe auch keine Angst vor der wirr-ologischen Gouvernante aus Impfbruck, die, ohne eine Miene zu verziehen, über meinen Körper bestimmen möchte. Die kann bei ihren Pferden gerne das ‚Eins, geh!' als Kommando verwenden. Mir legt sie keine Zügel an. Schaust du übrigens durch das Schlüsselloch? Wundert mich nicht. Wir leben in einem Kult des Tunnelblicks und der Verdrehung. Die neue Normalität. Und die ist nicht normal."

Der Karli und ich gehen. „Zwei Meinungen sind schon eine Spaltung. Schöne neue Welt", schimpft der Karli, während er auffallend langsam die Treppe nach unten geht. Dann greift er sich draußen auf einmal ans Herz. „Stent by me, Schorschi", ruft er. „Mir geht´s nicht gut."

Wo bin ich da reingeraten? Der Karli muss sich setzen. Er wirkt blass. Dann merke ich, wie sich ein Fenster öffnet. Der Franzi schaut raus. „Ist was passiert?" „Ja", sag ich. „Der Karli hat´s mit dem Herz." „Wird schon", flüstert der Karli. Auf einmal steht der Franzi da. Schneller als das Christkind. Als der Weihnachtsmann sowieso. So schnell war er noch nie. Ganz fertig ist er. Auch voll blass. „Karli, bitte. Das zahlt sich alles nicht aus. Es tut mir leid.

Bitte vertragen wir uns wieder." Der Karli lächelt. „Ja, mir tut es auch leid." Dann steht er langsam auf und umarmt den Franzi. Der Franzi auch ihn. Der Franzi weint. „Fast zwei Jahre haben wir uns nicht umarmt. Ist schon verrückt." „Mich wundert´s nicht, bei all der Angst", sagt der Karli. „Ein Weihnachtswunder", sag ich. „Gehen wir zum Weihnachtsmarkt?", fragt der Karli. „Ja, sicher. Aber schaffst du das?"

„Ja, jetzt schon. Und dann trink ich auch einen Punsch auf mein Herz." „Ich hol für dich den Alko. Also ich bin dann auch dein Alko-holer während 2G", meint der Franzi. Der Karli lacht. Lachen ist einfach die beste Medizin. Beim Rathaus wandern wir weiter. Dort sinds zu streng. „Die EU-Außengrenze ist nicht so massiv abgesperrt wie bei uns die Weihnachtsmärkte. Das ist bitter", erklärt der Franzi. Der Karli nickt. „Bittere Kälte", murmelt er. Wir bleiben bei einem kleineren Weihnachtsmarkt stehen. Ein Mann hinter der Bude hustet.

„Haben Sie die Weihnachtsgrippe aus Bethlehem oder Omicron aus Südafrika? Aber egal, der PCR-Test kennt den Unterschied eh nicht", sagt der Karli. „Ich verkaufe Ihnen gerne traditionelle Krippen aus Tirol", lacht der Verkäufer. „Und morgen fahr ich nach Christkindl – und dann gleich in die Nachbarstadt Steyr. Dort gibt´s die stärksten Demos in Österreich. Keine Aggressionen und eine Wucht von Selbstvertrauen. Die haben echt einen Mind." Dann winkt uns der Mann herein. Ich sag ihm, dass der Karli ungeimpft ist. „In der Weihnachtszeit soll man allen eine Herberge bieten. Auch den Ausgestoßenen und Ungeimpften. Leider versteht das die Kirche immer noch nicht. Hatten eigentlich schon ziemlich lange Zeit, um das zu kapieren." „Wisst ihr was?", sagt er dann, nachdem er mit dem Karli einige Zeit geredet hat. „Wir dürfen auf den Demos nie aggressiv werden.

Und die besten Demos sind die, wo vorne die Starken, Friedlichen gehen. In Graz waren letztens Frauen vorne. Starke Frauen. So geht das." „Das stimmt", erklärt der Karli. „Wenn wir aggressiv und gewalttätig werden, haben wir verloren, denn das ist die Expertise des Staa tes mit seinem Militär und der Polizei. Außerdem reißen sich die Medien um solche Bilder. Wir gewinnen, indem wir friedlich und souverän bleiben. Keine Gewalttäter und keine Lulus. Meditation und Demonstration – das ist die beste Kombi derzeit. Außerdem müssen wir für etwas stehen und nicht nur gegen etwas aufbegehren. Und ich hab noch eine Idee: Der Demozug sollte sich am Ring nach rechts drehen. Dann wäre die Energie noch besser."

Das findet der Verkäufer in der Bude übertrieben ,esoterisch', wenngleich er bemerkt, dass in der Christkindlstadt Steyr die Demozüge immer rechtsdrehend unterwegs sind. Der Franzi horcht zu, nuckelt an seinem Punsch und grinst. Er meint, dass wir auf ihn bei Demos verzichten müssen. Als er uns einlädt, zu einem Corona-Lichtermeer mitzukommen, sagen wir spontan zu. Er ist überrascht und lächelt noch mehr. Ich schau die beiden an – der eine vielfach geimpft, der andere gar nicht. Der Fremde, der schon so vertraut wirkt, wahrscheinlich auch nicht. Ich doch, aber nicht mehr so recht überzeugt. Ein bunter Haufen Menschen. Wir lachen, trinken, dann tanzt der Karli einen Walzer mit einer Dame. „Rechtsdrehend", ruft er. „Wer sich nach rechts dreht, ist der wahre Herr des Ringes", schreit er dann.

„Nein, gnädige Dame, ich werde sie nicht heiraten. Sie haben da etwas falsch verstanden", hört man ihn lachen. Der Franzi schüttelt den Kopf. Der Karli verbeugt sich. Es ist Weihnachten. Alle sind glücklich. Mir läuft ein Schauer über den Rücken. Der Weihnachtsmarkt wirkt in Licht getaucht. Ein Gast sieht den Stern von Bethlehem. Er ist sternhagelvoll. Der Franzi sagt, dass er ihn mitnimmt, weil der kein Zuhause hat und nur mit Alkohol geimpft ist. Er springt für die Notschlafstelle ein. Ein Amerikaner kommt vorbei und behauptet, er wäre der wiedergeborene Thomas Wolfe auf seiner endgültig letzten Deutschland- und Österreichreise, denn die knallharten Regeln würden ihn demnächst zum letzten Touristen machen. Dass diese kulturell so hochstehenden Länder erneut dem Faschismus entgegenstreben, enttäusche ihn, seine Liebe für sie bleibe jedoch ewig in seinem Herzen. „Lasst uns feiern!", ruft er und stimmt dann „Stille Nacht" an. „Seht ihr, sogar das schönste und bekannteste Weihnachtslied kommt von hier." Es ist Weihnachten. Überall Lichter. Eine Schar Kinder läuft vorbei.

Der Duft von Punsch, Bratwürstel und Lebkuchen steigt mir in die Nase. Nur Franzis rote Nase hat sich heuer erstmals einen Weihnachtsurlaub gegönnt. Geruchlose Weihnachten. Karlis Herz braucht sicher auch freie Tage. Nur, der Karli meint, dass wir jetzt dranbleiben müssen. Da stehen die beiden, lächeln vergnügt und unterhalten sich. Ich liebe meine Freunde. Bilder aus längst vergangenen Zeiten steigen hoch. Ich mit meiner neuen Kleinbahn als Bub spielend. Und plötzlich sehe ich überall Demozüge, die rechtsdrehend die Christbäume der Politiker umrunden. Die Züge werden immer größer und größer und machen den Mächtigen Angst, so wie damals vor zweitausend Jahren der Herodes Angst gehabt hat.

Die Politiker habens auch nicht leicht. Wer weiß, warum sie so entscheiden, wie sie entscheiden. Wahrscheinlich ist auch nicht jede Entscheidung freiwillig. Vielleicht lerne ich sie einmal zu lieben, auch wenn ich Meinung und Stil der meisten nicht teilen kann. Man weiß ja nie, wie viel Gutes in einem steckt. Wir sind ja selbst ein Packerl voller Überraschungen.

PS: Ende Dezember will nun der Franzi auch am Lichtermeer für alle Opfer von Corona & Maßnahmen dabei sein. Wir drei Musketiere vereint. Ein Weihnachtswunder, wo ein Ort der Trennung zu einem Ort der Liebe geworden ist. Wir sind halt alle nur Menschen, die versuchen, in einer Welt, die immer weniger vom Menschsein versteht, Mensch zu bleiben. Wenn ich daran denke, bekomme ich ein ganz warmes Gefühl, das so gut nach Weihnachten riecht. (Ich, der Schorschi, bin echt ein Philosoph.)

An alle Spirituellen – ein Aufruf!!!

Nun ist es wahrlich an der Zeit, unsere Größe im Außen zu zeigen. Wir haben so lange daran gearbeitet, um uns wieder zu entdecken, um unser Potential zu entfalten.

Jetzt ist der Zeitpunkt gekommen, an dem wir uns nicht mehr verstecken und in „spirituelle Ebenen" flüchten können. Wir stehen auf für eine bessere Welt, wir lassen uns nicht von den Egos, von unserem Ego, mit Hilfe der Angst wie eine aufgescheuchte Herde umhertreiben.

Wir sind selbst der Souverän. Unsere Seele geht voran. Wir lassen uns nicht mehr ver- und vorführen. Nein, wir entschuldigen uns nicht mit dem Grad an höherer spiritueller Entwicklung. Wir verwechseln nicht mehr den angstbeladenen Geruch der vollen Hose mit dem Duft von Weihrauch.

Wir verstecken uns nicht in unseren Meditationsräumen, vernebelt von Räucherstäbchen und himmlischer Musik. Wir wissen, was zu tun ist. Jetzt heißt es, sich zu zeigen und dem Schreckensregime mutig ein Ende zu bereiten.

Darauf haben wir uns seit Ewigkeiten vorbereitet. Keine Ausreden mehr.

Spirituelle Frauen: Wo seid ihr? Treffen wir euch auf der Straße, kämpft ihr für eure Kinder, lasst ihr Leben und Lebendigkeit zu? Kennt ihr euren unendlichen Wert? Ihr vereint die gespaltene Gesellschaft mit eurem Herz, mit eurem Geist.
Spirituelle Männer: Wo ist euer kraftvoller innerer, friedvoller Krieger?

Wo seid ihr jetzt? Wir brauchen euch. Euren Mut, eure Kraft, euer wildes Herz. Kocht euer Blut beim Anblick der Ungerechtigkeit, der Unterdrückung? Könnt ihr diese Energie kraftvoll über euer Herz leben? Ihr schützt die Kinder vor den entfesselten Egos, die nicht einmal vor diesen zurückschrecken. Duckt euch nicht weg, flüchtet nicht. Jetzt ist der Tag, an dem ihr aufsteht, Kante zeigt und eure ganze Kraft entfesselt. Jeder von uns hat diese immense Kraft.

An alle Erwachsenen und Wachen: Ihr habt die heilige Pflicht, eure Kinder zu beschützen, das Lebendige zu ehren. Holt euch eure Kraft, euer Feuer aus den höchsten Höhen und dann geht voran. Aufrecht und stark, unbequem und unbeugsam tragt ihr die Fackel der Freiheit. Wir brauchen euch.

Es ist Zeit, dass wir Menschen uns gemeinsam aufrichten, sonst werden wir hingerichtet. Wir tanzen für eine gemeinsame Welt und lassen uns von der aufkeimenden Diktatur im Gewand des Sanitäters nicht mehr blenden. Wir erschaffen selbst eine Welt voller Liebe und Menschlichkeit.

Steht auf, ihr Löwinnen und Löwen, ihr seid nicht schuldig! Ihr seid frei und ewig! Werft ab die Masken der Konformität und der Angst! Sie stehen euch nicht.

Jesus, Buddha, Krishna, Shiva, Mohammed, die tantrische Pfeilmacherin, Maria Magdalena, William Blake usw. – sie waren und sind rebellisch. Sie gaben ein klares Ja zum Leben und ein Nein zur Trennung und riskierten dabei alles.

Es ist unsere Seele, die die Welt neu erschafft. Die Welt ist viel zu groß für kleine Egos mit langen Schatten. Trommelt die Liebe in die Welt, singt das Lied der Freiheit – aber richtet es euch in dieser Sternstunde der Menschheit zuhause ja nicht gemütlich ein. Zieht euch nur zurück, um wieder Kraft zu tanken. Während sich der eine erholt, bewacht der andere das Feuer. Wir wollen euch sehen, euer Gesicht der Liebe, das Glühen in euren Augen - ihr Fackelträger einer neuen Zukunft.

Kämpft für das Leben, für das Menschsein, für die Kinder. Kämpft für eine herrschaftsfreie Welt. Kommt runter von eurer Wolke. Sprengt die mit Goldblättern verzierten Fesseln, die so viele gefangen halten.

Entdecken wir doch ein zweites Mal als Menschheit das Feuer: das Feuer der Liebe. Es ist höchste Zeit. Und Zeit, das Lebendige zu ehren, dem Lebendigen zu danken.

„Testkits für Testkids" und „Die Mutation der Schule von einem Lern- und Begegnungsort zu einem Testzentrum" – oder „Der stille Krieg gegen unsere Kinder"

Nun ist es soweit: Der ehemalige Lern- und Begegnungsort namens Schule, der dringend echter Reformen bedürfte, mutierte nun endgültig in ein Testkompetenz-Zentrum.

Dies ist keine Reformation, sondern eine Deformation.

Das standardisierte und getestete Kind steht aktuell im Mittelpunkt. Noch nie wurde das Kind in seiner ganzen Größe als Subjekt gesehen. So weit entfernt vom Subjekt jedoch waren wir in der Schule noch nie.

Als sich die Wirtschaftsorganisation OECD vor einigen Jahren mit Andreas Schleicher in die Schule schlich, begann die internationale Testung des Kopfes.

Der schiefe Turm von Pisa sollte auch in der Schule Leuchtturm sein. Mittlerweile ist klar: PISA ist wahrlich nicht die hellste Kerze auf der Schultorte.

Nun irrt die WHO als Sanitäter durch den Schulort und sucht bei jedem Kind-Objekt nach diesem einen besonderen Virus. Auch der Kopfträger, der Körper, will getestet sein. Was testen wir eigentlich als nächstes?

Österreich ist ein besonders vorauseilender und gehorsamer Schüler der WHO und testet nun dreimal die Woche alle (ungeimpften) Schüler, einmal davon mittels Gurgel-PCR-Test.

Die Testmaschinerie an den Schulen soll aber weiter auf zwei PCR-Tests pro Woche hochgefahren werden. Ein positiv getesteter Schüler genügt, um alle ungeimpften Kinder einer Klasse abzusondern. Diese dürfen die Schule tagelang dann nicht besuchen. Und das in einer Zeit, in der Österreich weltweit den ersten Lockdown für Ungeimpfte ausgerufen hat. Ein Fall für die Geschichtsbücher!

Die enorm gestiegene Testmenge beeinflusst natürlich auch die Inzidenz. Es macht eben einen Unterschied, ob man statt 20 nun 400 Angeln in ein Fischbecken hält. Es würden auch bei der gleichen Menge an Fischen deutlich mehr an Land gezogen werden können.

Ninja-Pass und Baby-Elefant

Obwohl die WHO sich kritisch zur flächendeckenden Testung asymptomatischer Testobjekte – pardon Menschen – äußerte, das RKI vermeldete, dass Schulen keine Treiber der Pandemie seien, bleibt Österreich bei seiner Lieblingsrolle: Du, glückliches Österreich, teste.

Dreimal die Woche kleben die Lehrer in die sogenannten „Ninja-Pässe" der Schüler Pickerl ein. Wie passend – der Ninja-Kämpfer ist ja wie der Babyelefant ein typisch endemisches, traditionell österreichisches Kultur- bzw. Naturgut. Drei Farben sind zur Auswahl. Blau, rot, grün. Wer sich impfen lässt, bekommt den goldenen Sticker. „Goldmedaille", „Goldstandard" sagen die einen – „Goldener Schuss" die anderen.

Wie treffend dazu Biontechs Firmenadresse „An der Goldgrube 12".

Wer sich als Ninja-Schüler mit dem Stäbchen durch die Welt der bösen Viren durchgekämpft hat, dem steht leider nicht das gesamte öffentliche Leben frei zur Verfügung. 1G – nicht als Abkürzung für „Eine Gemeinschaft" missverstehen – und 2G lassen Jugendliche und junge Erwachsene, die gerade in diesem Alter ihre Peer-Groups, das öffentliche Leben, dringend brauchen, schier verzweifeln.

Man besteht weiter stur darauf, dass Kinder Gefährder und Gefährdete zugleich seien.

Die Jüngsten gehören nun mal gebremst, getestet und geschützt. Und am besten natürlich geimpft.

Der defizitäre Blick

Das ständige Testen, Standardisieren und Vergleichen entspringt dem defizitären Blick der Gesellschaft und ihrer Schule. Gerade die Schule ist darauf programmiert, Fehler zu suchen und zu finden. So verwundert es nicht, dass Lehrkräfte bereitwillig ihre Testungen auf die körperliche Ebene ausdehnen.

Garantiert lässt sich hier auch etwas Fehlerhaftes, ein Virus im System finden und eliminieren. Dafür nimmt man sogar den Verlust von Unterrichtszeit in Kauf, während man unausgebildet in die Rolle von medizinischem Personal für mindestens eine halbe Stunde pro Woche schlüpft.

Das Kind gehört nun mal gezähmt und genormt, es ist ja von Beginn an verdächtig. Viel zu lebendig und fehlerhaft. Die Ansteckungsgefahr durch Lebendigkeit ist einfach zu groß.

Nur, was bringt man Kindern damit bei? Dass sie potentiell krank, gefährlich, klein, schwach und schuldig sind – und Schutz von außen benötigen? Wie demütigend.

Wir haben die Kinder auf das Sakrament der „Corona-Impfung", das bald Neugeborenen zuteil werden wird, vorbereitet. Abstandhalten, nicht Berühren, Atemregulation und Verstecken der Mimik mittels Maske, kein Singen, kein Tanzen, keine Feste, kein Feiern, keine Spontanität aufgrund von ständigem Testen, Lockdowns, persönliche Knockdowns (Quarantäne) usw. sind entmenschlichende und entmenschlichte Maßnahmen, die das Leben einfrieren und in die Gemeinschaft der Geimpften weisen, wo mit einem Stich scheinbar das Leben wieder erwachen darf.

Ganze Klassen landeten mit Schulanfang sogleich wieder in Quarantäne. Dem „schuldigen" Viren tragenden Schüler ist nur zu wünschen, dass ihn empathische Lehrkräfte und Eltern seelisch auffangen konnten.

Gerade empathische Kinder, Jugendliche, Lehrer und Eltern sind derzeit immens gefordert. Die Gefahr für Kinder und Jugendliche, an Covid-19 zu versterben, jedoch ist äußerst gering.

Für 3 von 100 000 infizierten Kindern (nur die wenigsten sind übrigens infiziert) endet die Infektion leider tödlich. („Deutsche Gesellschaft für pädiatrische Infektiologie, DGPI")

Das Risiko liegt damit, auf alle Kinder und Jugendlichen bezogen, weit unter jenem, in einem Swimmingpool zu ertrinken oder an einem Wespenstich zu versterben. Aber egal. Der Tod wird traditionell versteckt, außer an ihm klebt die Etikette „Corona".

Dann schrillen alle Alarmglocken in wesentlichen Schaltzentralen des Gehirns und auch außerhalb desjenigen – z. B. in den Schaltzentralen des Staates.

Die neue Impfgeneration und Gate-Keeping

Die Impfung mit einer neuen, noch unerprobten Impfgeneration in bedingter Zulassung ist für Kinder und Jugendliche für deren Eigenschutz nicht wirklich notwendig. Die Langzeitfolgen kann niemand ernsthaft abschätzen. Die Risiko-Nutzen-Abwägung führt somit zu einem klaren Nein.

Nachdem diese neuartige Impfung – man könnte sie auch eine prophylaktische Gen-Therapie nennen – auch keine sterile Immunität herstellt, somit Infektionsketten nicht durchbricht und keine Herdenimmunität aufbauen kann, ist der Schutz des Nächsten ebenso eine Unmöglichkeit.

Die Viruslast bei Geimpften lässt das Framing „Impfen ist Nächstenliebe" als scheinheilige und vernebelnde Weihrauchgranate zurück.

Und warum sollen sich Kinder und Jugendliche eigentlich impfen lassen, wenn sie das Virus wie bisher weitergeben und Eltern und Großeltern sowieso geimpft sind, falls sie das wünschen?

Wie kann ein geimpfter Erwachsener Angst vor ungeimpften Kindern und Jugendlichen haben? Wogegen
sollen sich unsere Jüngsten also wirklich impfen lassen?
Woher kommt die Alternativlosigkeit, mit der die Impfung ausgerollt wird? Ist diese Politik der Endgültigkeit,
Ausschließlichkeit und „vor vollendete Tatsachen stellen" nicht „Gate-keeping" in Reinkultur?

Long-Covid

Neue Metastudien, der „Spiegel" berichtete darüber, zeigen außerdem ein neues Bild bei „Long-Covid". Die Gefahr von „Long-Covid" wurde völlig überschätzt.

https://www.spiegel.de/wissenschaft/
medizin/coronavirus-long-covid-betrifft-
kinder-weniger-stark-als-angenommen-a-
dcb3415c-b488-45e5-915c-d7182cf29f5a

Viele Kinder und Jugendliche leiden in Wahrheit unter einem „Long-Lockdown", einer von Medien und Politik ge-
tragenen Dauer-Angstpädagogik. (Preprint-)Studien von
Dr. Thomas Radtke und Dr. Jakob P. Armann mit Team
der Dresdner Uniklinik zeichnen nun ein neues Bild –
das einer posttraumatischen Belastungs-
störung bei Kindern und Jugendlichen.

https://jamanetwork.com/journals/jama/
fullarticle/2782164

 *https://www.medrxiv.org/content/10.1101/202*
1.05.11.21257037v1

Aber eine linear denkende, reduktionistische und materialistische Medizin kennt die Psyche, die Seele nicht mehr.

Sie sieht ausschließlich einen funktionalen, fehlerhaften Körper, testet, repariert und optimiert ihn.

Schwarze Pädagogik

Viele dachten, die Zeit der schwarzen Pädagogik wäre längst vorbei, doch sie feiert fröhliche Urständ und treibt im Namen der Regierung und Medien Kinderseelen in Kinder- und Jugendpsychiatrien, wo in Wahrheit die einzigen Triagen in dieser Pandemie stattfinden und -fanden.

Nur, wohin ist die Empathie für unsere Jüngsten geflüchtet? Ehrlich – wohin?

Das interne Strategiepapier des deutschen BMI empfahl eine drastische Angstkommunikation – auch gegenüber Kindern. Und das ungestraft.

Der deutsche Lehrerverband spricht sich gegen Lockerungen bei Maskenpflicht an Schulen aus. Echt jetzt? Ich spreche mich sofort für Gratis-Psychotherapien für neurotische Funktionäre und Lehrer aus. Unter den Unmengen an unverarbeiteten Ängsten wartet garantiert die Empathie auf ihre große Chance.

Druck spaltet. Das wissen jene, die ihn ausüben. Auch Schulklassen spalten sich nun in Ungeimpfte und Geimpfte. Letztere erhalten mehr Rechte.

Impfempfehlungen von Ärzten beziehen sich auch auf die soziale Dimension der Kinder. Diese könnten wieder am öffentlichen Leben teilhaben und entkämen jenem Mobbing, das der vor kurzem zurückgetretene österreichische Bildungsminister achselzuckend vor laufenden Kameras zur Kenntnis genommen hat. Ich frage mich, ob auch er seine Empathie an (die Angst vor) Corona verloren hat. Mit einer selbstgefälligen Leichtigkeit werden hier „Mobbing-Programme" der letzten Jahrzehnte desavouiert.

Seit wann lässt man sich anstatt für die Gesundheit gegen die Maßnahmen impfen, die als Naturerscheinung geframt werden? Das ist ungefähr so, als würde man von Jugendlichen fordern, Schutzgeld zu bezahlen, damit sie endlich in Ruhe gelassen und unter „Schutz" gestellt werden. Das ist kein Impfangebot, sondern pure Erpressung. Wie viel Energie steckten die Schulen in Programme, die die Kinder lehren sollten, dass sie die wahren Besitzer ihres Körpers sind.

„Mein Körper gehört mir" wurde zum Leitsatz für viele Kinder. Nun soll der Körper im Namen der Gesundheit

und des Schutzes an die Pharma-Industrie zwangsver-
pachtet werden. Wenn der Zug weiterrollt, werden wir
noch Zeugen von Impfungen an Neugeborenen.

Nürnberger Kodex

Angesichts der heranrollenden Kinderimpfung über-
reichten Holocaust-Überlebende einen offenen Brief an
die EMA, persönlich gerichtet an Frau Emer Cooke, Exe-
kutivdirektorin der „European Medicines", sowie mittels
Kopie an Dr. Raimund Bruhin, Direktor von „Swiss Me-
dic" in der Schweiz, und Dr. June Raine, Interim Chief
Executive der „Aufsichtsbehörde für Arzneimittel und
Gesundheitsprodukte" im Vereinigten Königreich.

Die Überlebenden beschuldigen die Behörden, die Be-
völkerung nicht angemessen über die Risiken des Impf-
stoffs informiert zu haben und gegen das Recht auf freie
Einwilligung nach Aufklärung gemäß dem Nürnberger
Kodex von 1947 verstoßen zu haben. „Wenn vor 80 Jahren die Juden als Überträger von Infektionskrankheiten
dämonisiert wurden, heute sind es die Ungeimpften", ist
in diesem offenen Brief zu lesen.

Die Würde der Kinder

Dieser „Krieg der Spaltung und Entwürdigung" darf
nicht auf dem Rücken der Kinder ausgetragen werden.

Lasst doch endlich mal die Kinder und Jugendlichen in Ruhe und heraus aus diesem „Spiel" der Erwachsenen! Ihr vermittelt ihnen von Beginn an, dass an ihrem Intellekt, an ihrer Psyche, ihrem Körper etwas nicht stimmt und korrigiert gehört.
Lasst sie wieder frei sein! Gebt ihnen ihre Würde zurück, die euch nicht gehört!

Es muss Schluss sein mit dieser Erpressung, mit diesem Krieg gegen unsere Jüngsten. Euch geht es doch nicht um Liebe, Solidarität und Gesundheit. Manch naivem Gläubigen mag es so erscheinen. Ihr wollt in Wahrheit Macht und Geld.

Ihr habt die Kinder und Jugendlichen vom Beginn der Pandemie an in Stich gelassen – und nun wollt ihr den Stich. Ihr treibt es bis zur Spritze. Ihr seid unglaubwürdig, wenn ihr jetzt Interesse an den Jüngsten heuchelt.

Die Impfung sollte ohne Zwang und freiwillig erfolgen. Derzeit jedoch wird entgegen vieler Behauptungen ein massiver sozialer Druck aufgebaut, dem viele nicht mehr standhalten können.

„1G" sollte „Eine Gemeinschaft" bedeuten und nicht den Ausschluss aus dem öffentlichen Leben für jene, die sich nicht impfen lassen.

Auf die Würde und Freiheit unserer Kinder und Jugendlichen! Auf den Verzicht aller Tests und Maßnahmen gegenüber Kindern und Jugendlichen und auf das Verbot von direkter und indirekter Impfpflicht – besonders auch für diese Altersgruppe! Das Leben ist nicht nur eine virologische Frage, es ist ein ganzheitliches Geschenk!!!

Impft doch ihr, liebe Eltern und Pädagogen, „eure" Kinder in einem Akt des Ungehorsams selbst – und zwar mit Liebe, Fürsorge und Mitgefühl.

Steht auf: Eure Kinder gehören weder dem Staat noch Großkonzernen.

PS: Liebe Kinder und Jugendliche: Lasst euch nicht von jenen manipulieren, die euch mit großen Worten in ihr gigantisches Geschäft treiben!

Sie haben kein Interesse an euch, denn sie hatten es auch zuvor nicht. Sie sehen euch nicht als Subjekte, für sie seid ihr bloße Objekte, an denen sie verdienen!

Corona-Impfung – die neue Taufe in eine imperiale Wissenschaftskirche

Die Verwandlung der Kirchen – in Labormäuse

Ich brauche Abwechslung. Mein Gehirn brummt. So statte ich unserer Ortskirche einen kurzen Besuch ab. Vielleicht gibt sie mir in dieser Krise etwas Halt. Ich fürchte jedoch, dass das letzte bisschen Leben aus den heiligen Hallen verschwunden sein könnte.

Beim Eintritt in die Kirche entdecke ich statt eines Weihwassers nun ein Desinfektionsfläschchen. „Das Desinfektionsmittel ist das neue Weihwasser", erklärt mir freundlich eine Kirchenhelferin. „Es reinigt wohl noch besser den sündigen Körper, oder?", antworte ich. Ich merke, ich habe mich gerade unbeliebt gemacht.

Zwei Drittel der Bänke sind mit Bändern abgesperrt, die Leute tragen Masken und dürfen nicht einmal „The masked singers" nacheifern. Kein Gesang, keine Berührung, kein Friedensgruß.
Nach der Messe treffe ich auf meine Nachbarin. „Ich bin vor der Messe auf Corona getestet worden. Ich fühle mich rein und frei!", ruft sie mir entgegen. „Und ich

hatte immer gedacht, dass dies die Aufgabe der Beichte wäre." Schon wieder Sympathiepunkte verspielt. Aber was soll's.

Mir wird schnell klar: Die neue Beichte ist das Testen. Das Stäbchen der neue Maßstab, das Messen die neue Messe. Die aktuelle Buße wird nun Quarantäne genannt. Der zukünftige Analabstrich, der jede Sünde sofort entdeckt, ist ein schlaues chinesisches Produkt, das Beichte und Buße kombiniert. „Wo ist die Würde des Menschen?", möchte man rufen. Wahrscheinlich im Arsch.

Jedoch, das Tragen der eigenen Würde war auch früher nur wenigen vorbehalten. Die Masse galt immer schon als Sündenträger, die in der neuen Welt nun Virenträger genannt werden.

Viren und Sünden – beide unsichtbar – leben schon von Anfang an als Erbsünde auch in unseren Jüngsten. So gelten Kinder bei vielen derzeit als potentieller Hort der Gefahr. Deshalb muss in letzter Konsequenz auch jedes Kind bis zu dreimal die Woche eine öffentliche Schnell-Selbstbeichte durchführen.

„Lange habe ich mich für den Test beim Hausarzt angestellt", fährt die Nachbarin plötzlich fort.
„Fast wäre das Stäbchen in meinem Hirn gelandet."
„Du bist also nun gestriegelt, geschniegelt, geschnäuzt, gekämmt und getestet. Irgendwann wird man einfach sagen, du bist geimpft. Warum gehst du noch in die Kirche?

Das Virus scheint stärker als Gott zu sein, der Papst hat sich ja auch impfen lassen."

„Echt? Von wem?"

„Von Bill Gates persönlich", scherze ich und führe meine Gedanken weiter.

„Siehst du nicht: Der Hausarzt ist der neue Dorfpfarrer, der die Sünden mit seinen Stäbchen findet. Die heiligen Hallen, das sind die Ärztehäuser und Labore. Die Virologen und Epidemiologen erscheinen wie die modernen Hohepriester. Dein Leben wird von neuen Propheten bestimmt – von Mathematikern, Statistikern, Simulationsexperten. Du bist ab jetzt eine Fallzahl, Teil einer epidemiologischen Kurve. Die Kirchenmäuse verwandeln sich gerade in Labormäuse, immer schön brav, angepasst und klein.

Aber verzage nicht: Der große Retter ist gekommen. Der neue Papst und beinahe Messias –Bill Gates."

„Nächste Woche lasse ich mich impfen", erklärt mir die Nachbarin unbeeindruckt.

„Dann bin ich frei. Die bedrohlichen Viren können mir nichts mehr anhaben. Ich will wieder reisen, Freunde besuchen und zu Konzerten gehen."

„Ah, du impfst dich in die Grundrechte zurück. Und ich dachte immer, die wären nicht verhandelbar. Aber die Gehirnwäsche funktioniert. Keine Frage. Wobei das Wort selbst schon eine Gehirnwäsche darstellt. Es sollte ja Gehirnverschmutzung heißen."

Die Impfung –
die Taufe eines neuen Kults?

Ich verabschiede mich freundlich und denke darüber nach, ob das Stäbchen nicht doch im Hirn gelandet war und ob die Impfung nicht so etwas wie die rundum erneuerte Taufe einer gerade entstehenden wissenschaftlichen Erweckungskirche ist.

Die Impfung hält ja auch von allem Bösen fern und funktioniert wie ein verpflichtender Eintritt in einen modernen Kult. Ich war noch nie ein Impfgegner, aber diese emotional aufgeladene Massenimpfkampagne für eine neue Impfgeneration im bedingten Zulassungsmodus ist ja an Symbolik kaum zu überbieten. Das Virus kann gefährlich sein, aber für einen Kult taugt es einfach nicht.

Die Taufe, anfangs Symbol einer bewussten Umkehr, wurde später zum Zwang für die Pflichtmitgliedschaft innerhalb der christlichen Kirche umfunktioniert – und zwar möglichst bald nach der Geburt. Von bewusster Metanoia und Freiwilligkeit war keine Rede mehr. Mit dem ewig bewährten Modell eines Bedrohungsszenarios, in diesem Fall der Erbsünde, wurde sie zum Eintritt in die neue Glaubensgemeinschaft umfunktioniert und sollte eine Schaf-Herdenimmunität gegenüber allem Bösen aufbauen. Die Schönheit der bewussten Wahl wurde dem neuen Diktat äußerlicher Massenlämmer – pardon – Massenkindertaufen geopfert.

Taufe und digitale Identität

Die Taufe kombinierte man bald mit der Namensgebung. Taufe und Identität – eine mächtige Verbindung.

Verhält es sich bei der Impfung nicht ähnlich? Früher freiwillig, kippt konkret die Corona-Impfung nun in einen direkten oder indirekten Zwang. Wird sie zum Pflichteintritt in einen neuen Kult? Und bedarf sie wie bei der Erneuerung des Taufversprechens einer ständigen Aktualisierung, um flexiblen Sünden beizukommen?

Wird auch sie mit einer neuen Identität kombiniert?

Identity2020 Systems, kurz *ID2020*, kommt mir als Parallele in den Sinn. Diese Organisation wirbt für eine neue digitale Identität. Der Impfpass scheint der erste Schritt in diese schöne neue Welt zu sein. Die Kombi von Impfung und Blockchain-Identität, auch gleich am besten nach der Geburt.

Wer hat nur ID2020 initiiert? *Gavi, Microsoft, Bill & Melinda-Gates-foundation* und *Rockerfeller foundation*, um die wichtigsten Player zu nennen. Wer steckt hinter den ersten drei. Gates, der die Bill bezahlte. Wahnsinn, wo der überall zu finden ist.

Der erste Welt-Konzern
und die religiöse Kolonialisierungswelle

Als die römisch-katholische Kirche als der erste Welt-Konzern auch ferne Länder missionierte, war die Taufe bald überall Voraussetzung, um gesellschaftlich angebunden und nicht geächtet zu werden. Nicht Getaufte galten als immer noch mit dem Teufel und den Dämonen im Bunde und hatten somit keine Chance auf ein faires Leben im Diesseits und auf ein ewiges Leben im Jenseits. Die Kirche war mit ihrer Macht omnipräsent, ab einem bestimmten Zeitpunkt war sie alternativlos. Die Trennung zwischen den Getauften des neuen Kults und den Ungetauften einer alten Überlieferung war messerscharf, die Spaltung zwischen Christen und Heiden, welche an den Rand gedrängt wurden, tiefgreifend.

Die weltweite Verbreitung der kirchlichen Lehre begann nach der Entdeckung des neuen Kontinents Amerika vor ca. 500 Jahren mit einer unglaublichen Vehemenz. Kein Stein sollte auf dem anderen bleiben. Schuld, Angst, Sünde wurden gepredigt, die (Er-)Lösungen sogleich mitgeliefert. Wer alles glaubte, war ausgeliefert. Wer nicht daran glaubte, geliefert. Vielen Menschen wurde nicht nur ihr Gold, sondern noch viel wichtiger, ihre Würde genommen.
Eine toxische Männlichkeit begann die Natur und das Weibliche in einem nie dagewesenen Ausmaß zu beherrschen. Indigene Kulturen wurden im Namen der Liebe entwertet und zerstört.

Eine Pervertierung der ursprünglichen Frohbotschaft Jesu in eine dreiste Drohbotschaft einer lebensfeindlichen Männerkaste.

Mit dieser Botschaft wurden nicht nur die Seelen der Gläubigen kolonialisiert, sondern auch ferne Länder. Die Schürfrechte hatten sich alsbald als Menschenrechte verkleidet. Zum Glück fand aber die ursprüngliche Botschaft der Liebe immer wieder auch Freiräume, um innerhalb des Machtsystems zu wirken.

Die Entdeckung eines neuen Kontinents und aktuelle Kolonialisierungswellen

Sehen wir auch jetzt eine neue Epoche heraufdämmern und in ihrem Schatten eine aktualisierte Form des Kolonialismus? Bill Gates als der Kolumbus der neuen Neuzeit, der das Tor zu einem neuen Kontinent eröffnet, von narzisstischen Auserwähltheitsfantasien schwer gebeutelt?

Welcher Kontinent könnte dies sein? Nachdem unbewegliche Bodenschätze oftmals nur mehr schwer zugänglich sind, bieten sich doch die mobilen Bodenschätze, die Körper der Menschen, an. Die Corona-Pandemie und die Massenimpfung als Einfallstor für weitere Besitzansprüche, das Humankapital als neue Währung? Hinterlassen nicht die immer invasiveren Eingriffe in den eigenen Körper mittels Test und Impfung ein Gefühl der Ohnmacht, des Verlustes auf das Anrecht auf den eigenen Körper, das Gefühl einer schleichenden „Besiedelung", was wiederum zu einer Erosion des Vertrauens führt?

Dank der biomedizinischen Entwicklung, der Nanotechnologie usw. lassen sich die Körper wunderbar erobern. Das wären Millionen Quadratkilometer, hunderte Millionen Kubikmeter, die man in Besitz nehmen und schürfen könnte.

Von neuen Ämtern und faul riechenden Lehr-Stühlen

Gates, der erste Papst und das Gesicht der neuen Wissenschaftskirche? Der Messias, auf den viele auf Erden gewartet hatten? Ist nicht Israel interessanterweise der erste Ort, an dem die Körper der Menschen im großen Stil aktualisiert getauft wurden?

Übrigens: Welche neuen Ämter könnte man eigentlich noch vergeben? Klaus Schwab gäbe in diesem Spiel wohl einen hervorragenden schwarzen Papst, Lauterbach hätte das Zeug zu einem fantastischen Inquisitor und Drosten wäre der ehrgeizigste und besessenste aller Sündenjäger, der mittels eines eilig entworfenen Beichtstuhls der Marke perfectus, confessio, reus (kurz PCR) nach mehr als 30 Beichtrunden jede gewünschte Sünde als Todsünde identifizieren kann. Alles nur aus reinster Charité natürlich. Und man weiß ja nie: Auch wenn das subjektive Gefühl der Sündenlosigkeit vorherrschen sollte, eine Beichte verrät, ob man nicht doch ein Sündenträger ist, ein unerkannter Mörder, der in einem selbst schlummert.

Sprach nicht Drosten – pardon, Paulus – davon, dass der Tod durch die Sünde in die Welt gekommen sei? Dabei denken wir am besten an die berührende Kantate "Es ist nichts Gesundes an meinem Leibe (BWV 25)" von Karl Sebastian Lauterbach.

Beinahe wünscht man sich dann, dass der Geruch des patentierten Stuhls Drostens eigenen Lehrstuhl in Frage stellt. Nicht alles, was bedenklich riecht, muss ja Lehrstuhl sein.

Die Entstehung des Kults des Transhumanismus

Verbreite ich gerade Verschwörungstheorien, die moderne Bezeichnung für Irrlehren und Häresien? Nach der einen wahren Religion wird nun die eine wahre Wissenschaft vor den Karren der Mächtigen gespannt. Wiederum feiert die Monokultur fröhliche Urständ, während die Biodiversität lebendiger Religion und Wissenschaft ein kümmerliches Dasein fristet. Entweder bist du für die Vertreter der einen wahren Lehre – oder eben gegen sie. Nur, um welche Wissenschaftskirche und Lehre handelt es sich in der Essenz? Nennen wir sie doch Transhumanismus, denn das ist sie im Kern.

Hatte sich die Kirche in die direkte Verbindung von Mensch und Göttlichem hineingegrätscht, so vollendet und überwindet der Transhumanismus die Trennung von Geist und Materie zugleich, indem er dem Geist seine Existenz abspricht und das Feuer löscht. Sinnfreie, leblose Materie in einem feindlich-zufälligen Universum lädt den ausgesetzten Menschen dazu ein, die Welt aus einer narzisstischen Kränkung heraus mit allen technischen Mitteln zu manipulieren. Das Universum ist einfach eine einzige Scheißgegend.

Früher waren Stifte die Treiber der kirchlichen Missionierung, nun sind es milliardenschwere Stiftungen. Die Sehnsucht nach Unsterblichkeit wird als die genussvolle Verlängerung des körperlichen Lebens verstanden, die ursprüngliche Reinheit nun als die totale Gesundheit. Eine materielle Perversion der Sehnsucht nach Unendlichkeit.

Vom Schaf zum Roboter – vom religiösen zum wissenschaftlichen Kult

Und wieder stehen Körper und Tod im Mittelpunkt, die ein hierarchisch-männliches Denken kontrollieren möchte. Und erneut gilt der Freund Körper als Ort des Fehlers, der Sünde, der überwunden werden muss.
Ein weiterer Todeskult statt Auferstehung, um einen christlichen Terminus zu verwenden. Es ist ein Krieg einer herrschenden Instanz gegen das Leben selbst.

William Blake bezeichnete diese Kraft als Urizen, die mit Gesetzen und Regeln das Leben beherrschen möchte. Sie erinnert stark an den alttestamentarischen Gott Jehova.

Das Ego entledigt sich nun aber, dem Zeitgeist angepasst, seines Purpurgewandes und trägt weiche, schmeichelnde Pullis und Hornbrille. Eine Stabsübergabe hat stattgefunden, von vielen bewusst noch nicht erkannt. Ist dies ein letztes Aufbäumen einer lebensfeindlichen Haltung im neuen, lässigen Gewand?

Die Kirche verlangte nach ohnmächtigen Schafen, der technokratische Überwachungsstaat mit seinem Transhumanismus braucht funktionierende Roboter, die Abstand halten, nicht feiern, nicht lachen, nicht tanzen, nicht singen und sich nicht mehr berühren.

Die Stabsübergabe von einem religiösen zu einem wissenschaftlichen Kult führt zur Transformation von fremdbestimmten Schafen in fremdbestimmte Roboter. Diese mögen komplex programmiert und geschult sein, ihre funktionale Intelligenz duftet aber nicht nach Leben, nach freier Intelligenz.

Der uralte Krieg um Ressourcen mit neuen Mitteln

Ein Teil der säkularisierten Welt führt einen neuen Krieg gegen die Lebendigkeit. Neu ist aber nur die Form, der Krieg ist uralt. Die Körper, die Seelen, die Gehirne, die

Gefühle – sie werden zum Besitz von wenigen, die für alles und jedes ihre Patente anmelden möchten. Raubtierhaft lebt man von der Energie der Menschen.

Das lebendige Feuer droht in diesem unwürdigen Schauspiel zu erlöschen. Eine Perversion von Religion mündet derzeit in eine pervertierte Wissenschaftlichkeit, die wieder Schuld, Angst und moralische Vermessenheit produziert. Der Mensch wird abermals zu einem Objekt gemacht und seiner Subjektivität, seiner Würde beraubt.

So ist es Zeit aufzustehen, sich innerlich aufzurichten – und die Verantwortung für das eigene Leben zu übernehmen. Es ist Zeit, diesen aufkeimenden digitalen, (schein)wissenschaftlichen Faschismus zu durchschauen. Und ist es nicht ebenso Zeit, den neuen Weltenherrscher als einen falschen Messias zu entlarven, bei welchem jedwede Frage falsch gestellt scheint, bei der nicht Macht, Monopol und Technik als Antwort fällt?

Das demütige Gesicht der neuen Agenda – oder der Kopfstand des Egos

„Solange du deinen Feind nicht kennst, höre auf von einer besseren Welt zu träumen", meinte einmal Philip Mirowski, der geniale Kritiker neoliberaler Ideologie.
Die Kolonialisierungswelle rollt dieses Mal im Namen der Medizin, der frisch gesalbten Königin der Wissen-

schaften, an die Gestade der Körperwelten heran. Gates, dieser Techniker der Macht, lächelt dabei milde wie ein erleuchteter Wohltäter. Seine trainierte Körpersprache und Mimik, die Understatement, Bescheidenheit und Güte widerspiegeln sollen, während er die Macht an zentralen Schalthebeln an sich reißt, erinnern an das salbungsvolle Gebaren früherer Kirchenoberhäupter.

Sein gefördertes genmanipuliertes Saatgut inklusive Pestizide für Afrika nennt er gemeinsam mit der Rockefeller Foundation *Allianz für Grüne Revolution*, seine 300 geplanten Atomkraftwerke bezeichnet er als *Terra Power*, Microsofts Patent zum Mining von Kryptowährung mittels Körperaktivitäten und anderen Betätigungen nennt sich *WO/2020/060606*. Es ist offensichtlich, der Mann hat einen Hang zum Humor.

Er kümmert sich derzeit liebevoll um das Weltklima und unterstützt Klima-, Solar- und Geoengineering wie *SCoPEx* und *Marine cloud brightening*. Und weil er Ackerland und Samen einfach liebt, katapultierte er sich zum größten privaten Agrarflächenbesitzer der USA und kaufte sich im großen Stil bei der größten Saatgutbank der Welt auf Spitzbergen ein. Nichts geht ihm über den Naturschutz.

Er würde sogar Bäume pflanzen, wenn er jeden einzelnen Baum genmodifizieren und patentieren dürfte. Aber damit nicht genug, will er den Bildungsbereich privatisieren und erobern, um an frische Daten zu kommen – pardon

– um die Schüler zu fördern. Am liebsten würde er auch Impfstraßen bis über die Milchstraße ausrollen (man weiß ja nie) und den Impfstoff bei allen Menschen der Welt ungefragt verimpfen (persönliches Unwort des Jahres).

Frühere Päpste waren Tauffanatiker, der neue Mann am Stuhl nun ein Impffanatiker mit Zwangsmissionierungs-Agenda. Diese Geld- und Meinungsdruckmaschine der WHO investiert ja nicht nur in Medienhäuser, um seine Botschaft für Millionen von Dollars gespiegelt zu sehen, sondern auch in Big-Pharma-, Agrochemie-, Biotechnologie- und Saatgutkonzerne.
Er liebt Shut- und Lockdowns, denn mit jeder Sekunde saugt er wie andere Monopolisten und Philanthropen Geld von unten nach oben.

Der König der Diebe, der sich als Rächer der Enterbten, als Beschützer der echten Witwen und Waisen inszeniert? Oder doch der Benützer von schlechten Witzen und genmanipuliertem Weizen, der eine neue Welt implementiert? Eine schöne neue Welt, in der amerikanische IT-Unternehmen, die aufstrebende Supermacht China, führende Konzerne, Geheimdienste und weniger bekannte Kräfte eine Art technokratisch-anonyme Weltregierung bilden, vernetzt unter anderem über das Weltwirtschaftsforum und repräsentiert durch einen, der viele Gates öffnet.

Die Freiheit aber verlangt nach selbstbestimmten Menschen, nach kleineren, lebendigen Strukturen, die dem

Leben dienen und nicht umgekehrt. Ich träume von Poesie- und Erddemokratie-Wellen.

Der Mensch als Biocomputer

Doch Gates liebt Computer- und Bioviren. Erstere haben ihn gelehrt, dass aufgrund ihres Bedrohungspotentials neue Betriebssysteme auf Endgeräte gespielt werden können.

Vielleicht sind Menschen in seinen Augen nichts anderes als Biocomputer, die man einem Great Reset unterziehen kann, um neue zentristische Betriebssysteme raufzuspielen?

Öffnet Bill die Gates für den Transhumanismus, der auf dem ausgerollten Teppich eines digitalen Faschismus die Welt erobert, beschützt von einem Polizeistaat? Bill, Gates noch?
Wenn es denn nicht so unflätig wäre, man möchte „Heilige Scheiße" rufen, während Bill den neuen Heiligen Stuhl repräsentiert. Stinken alle Projekte von Bill nun als Exkremente gen Himmel, inklusive seines Stuhls? Nein, denn das wäre zu einfach. Aber man könnte einfach formulieren: Er segelt unter falscher Flagge in die falsche Richtung. Aber: Exkremente, die sich als neue Sakramente zeigen, können guter Dünger sein ...

Die Digitalisierung des Herzens

Die Welt ist durch den Reset narkotisiert, der Mensch zu einem Patienten, zu Humankapital, degradiert. Nicht zufällig glauben viele mittlerweile die Mär, dass man nicht sterben müsse, wenn man das Leben bloß anhalte. Nur, die Ausklammerung des Todes führt geradezu in ein innerliches Absterben. So werden wir tatsächlich zu Robotern, die für wenige funktionieren. Die großen Verlierer in der Pandemie sind die Jungen und die Ältesten der Gesellschaft. Die einen erinnern an das pure Leben, die anderen an den Tod.

Beides klammern wir aus, um zu funktionieren. Es ist Zeit, das Feuer des Lebens zurückzuholen – so wie ich es in meinem Buch *Feuer ins Herz – Wie ich lernte, mit der Angst zu tanzen* beschreibe.

Digitalisierung bedeutete ursprünglich die Behandlung eines schwachen Herzens mit Digitalis, dem Fingerhut. Ja, wir brauchen in Wahrheit zuerst eine Digitalisierung der Herzen, denn diese sind schwach geworden.

Der Ungehorsam und die Wiederentdeckung des Feuers

Wir benötigen den Ungehorsam den tyrannischen Göttern, den neu entfesselten Titanen gegenüber. Der innere Coyote oder Prometheus stielt trick- und fantasiereich das Feuer, entzündet es wieder in unserem Herzen und verbindet dieses mit dem Gehirn. Es ist die Erweckung des Geistes, die Wiederentdeckung des Feuers, um das wir erneut betrogen werden. Wir haben nichts Geringeres im Transhumanismus zu verlieren als unser Menschsein, unsere Menschlichkeit, unsere Wärme, die Anbindung an Spirit und den Planeten Erde. Sind die Maßnahmen zur Pandemie das Trojanische Pferd, verkleidet als wohltätiger, Solidarität einfordernder Sanitäter, der darum bittet, das Menschsein aufzugeben? Lassen sich damit auch wieder viele „der Guten" in die Irre führen?

„Halten Sie Abstand, tragen Sie Maske und atmen Sie wenig, desinfizieren Sie sich vom Leben, feiern Sie nicht gemeinsam, berühren Sie sich nicht, treffen Sie keine Freunde, tanzen Sie nicht. Bewegen Sie sich nicht und gehen Sie in einen inneren Lockdown. Wenn Sie nicht leben, sind Sie nicht ansteckend und können auch nicht sterben! Das ist wahre Solidarität."

Herdenimmunität gegenüber der Angst

Aber vielleicht könnte genau dieser Höhepunkt der Isolation des isoliertesten Wesens auf diesem Planeten paradoxerweise der Kipppunkt in eine neue Welt der Selbstbestimmung und Verbindung werden, denn er könnte nach innen führen, dorthin, wo der veräußerlichte und veräußerte Mensch endlich beginnen kann, seine eigenen Antworten auf das Leben zu finden. Es ist Zeit, die Krone (Corona) der Arroganz und Trennung abzulegen, der Angst die Maske der Solidarität und Empathie vom Gesicht zu reißen und echte Liebe zu leben. Das ist der Anfang einer neuen freien Spiritualität, in der langsam, aber sicher im Herzen, um es poetisch auszudrücken, ein Feuer zu lodern beginnt.

Und dieses Feuer verkocht das fieseste aller Viren, das Virus der Angst, das sich pandemisch über den gesamten Globus ausgebreitet und die Menschheit in eine innere und äußere Enge getrieben hat.

Wir richten uns auf und teilen dieses Feuer, das uns wieder wärmt. Ohne das neue Coronavirus zu verharmlosen, beginnt sich eine Herdenimmunität gegenüber der Angst aufzubauen.
So müssen wir nicht mit dem geblendeten Gloster in Shakespeares King Lear sagen: „Das ist die Seuche unserer Zeit – Verrückte führen Blinde." Vielmehr führen sich die Sehenden nun selbst.

Von der Ressourcenausbeutung zur Potentialentfaltung und die Aufgabe falscher Identitäten

Wer sich ausschließlich als Körper wahrnimmt, kann diesen nicht lieben und ist den äußeren (Kolonialisierungs-)Strukturen ohnmächtig ausgeliefert. Zeit, den

Weg der äußerlichen Ressourcenausbeutung zu verlassen und den der inneren Potentialentfaltung zu gehen. Zeit, den Krieg gegen die innere und äußere Natur zu beenden.

Wir sind weder Sünder, Virenträger, Patienten, Produkte, Waren, Fallzahlen, Labormäuse, Schafe, Roboter usw. Wir sind Menschen und noch viel mehr, unteilbar und unverhandelbar.

Lassen wir uns die Morgenröte einer neuen Epoche nicht von einem technokratischen Kult verdunkeln, das Lebensschiff auf der Fahrt in eine helle Zukunft nicht kapern. Holen wir uns die Verbindung zur Erde, zum Spirit und zum eigenen Herzen zurück. Seien wir doch Helfer einer natürlichen Geburt einer neuen Epoche des Mitgefühls und der gleichwertigen Verbundenheit aller Lebewesen.

Old Man Coyote und die Lebendigkeit

Aber passen wir auf, dass wir nicht untätige Zeugen einer Totgeburt werden, denn diese wäre der Transhumanismus.

Wir haben etwas Besseres verdient.

Zeit, aus dem Marsch der Lemminge herauszutanzen, den inneren Lach-down zu kippen und aus ganzem Herzen ein großes Lachen anzustimmen. Auf das Menschsein, die Liebe, das Leben und den Humor!

So möchte ich zum Schluss nochmals die Worte Old Man Coyotes aus meinem Buch zitieren: „Riskiere den Kopfsprung ins Herz. Und wenn du auftauchst, dann tanze nackt in der Sonne, während andere in ihren Uniformen an dir vorbeimarschieren. In unsicheren Zeiten marschieren viele im Gleichschritt mit der Herde der Unbewussten. Du aber tanze. Gerade, wenn alles auf wackeligen Füßen steht, ist es der Tanz des Lebens, der dich trägt, und nicht der Marsch des Todes. Auf die Lebendigkeit und das Leben. Prost!“

Der Transhumanismus und der Verlust der Poesie

Der Chef-Ingenieur von Google, Ray Kurzweil, wirft täglich 150 Pillen ein, lässt sich das Blut wie das Öl einer Maschine wechseln und hofft darauf, nicht nur kurzweilig auf diesem Planeten zu strahlen. Das Todes-Gen sollte am besten noch vor seinem natürlichen Ablaufdatum eliminiert werden.

Der Tod gilt ja in einigen Kreisen als ein irdischer Betriebsunfall. Elon Musk gründete „Neuralink" mit dem Ziel, ein Gerät – Brain-Computer-Interface (BCI) - zu entwickeln, das die Kommunikation zwischen dem menschlichen Gehirn und Computern ermöglicht. Die Inhalte des Gehirns könnten dann zusätzlich auf einer Festplatte gespeichert werden.

Die Vision der Optimierung des fehlerhaften Menschen läuft aktuell auf Hochtouren. Der Mensch erhebt sich mittels Technik über sich selbst – und verbessert die launige Natur. Er zieht sich selbst an den Haaren aus dem Sumpf eines feindlichen Universums, transzendiert sich quasi eigenhändig. Das Universum ist halt eine Scheißgegend, die geknetet und geformt werden muss. Die mRNA- und DNA-Impfung ist nicht nur ein schneller,

einfacher Stich, sie ist der Spaten-Stich für eine technokratische Transformation der uns bekannten Welt in einen Transhumanismus.

Verdreht statt fairtrade
oder der Faschismus im Kopfstand

Derzeit erleben wir einen faschistoiden Ungeist, der
diesen Weg beschleunigt. Nur, warum sehen ihn so viele nicht? Hat es damit zu tun, dass die Corona-Politik so
laut irrlichtert, dass viel zu wenige hinter die Oberfläche
der Verpackung blicken können? Und liegt es auch daran, dass der Faschismus einen Kopfstand ausführt, um
sich selbst mit den Füßen als Retter zu beklatschen?

Nur, Faschismus im Kopfstand bleibt Faschismus. Die
Welt scheint verdreht, fairtrade ist out. Die politischen
Kategorien von links und rechts verschwimmen bis hin
zur völligen Unkenntlichkeit. Noch dazu trägt der im
Kopfstand gedeihende Faschismus das Kleid des rettenden Arztes, des Klimaaktivisten und des besorgten Poli-
tikers und Philanthropen.

Während jene als sozial schwach beurteilt werden, die
über zu wenig monetäre Mittel verfügen, wird der Titel des Philanthropen jenen Figuren zugesprochen, die
nach der Nutzung aller möglichen Steuerschlupflöcher
die übrig gebliebenen Millionen und Milliarden Dollar
für angeblich humanitäre Zwecke nutzen, die wiederum

enorme Renditen einbringen. Das Geld also entscheidet, ob man als sozial schwach oder als Menschenfreund betrachtet wird. Medien befeuern dieses unwürdige Schauspiel auch noch.

Und genau jene Philanthropen, die sich ach so sehr um die Menschheit sorgen, erliegen ihren Gestaltungsmöglichkeiten und wollen die Gesellschaft, den Planeten, von oben nach unten neu formatieren. Sie wähnen sich auf einer Meta-Ebene, wie Zuckerbergs neue Namenskreation für seinen Konzern verdeutlicht.

Bill Gates ist wohl der bekannteste dieser besonders eigenartigen Spezies, ein wahrer Freund der neuen Religion des Transhumanismus, in der Eugenik eine zentrale Rolle spielt. Und er begleitet und finanziert sie als Computer- und Machttechniker.

Dorthin, wo das Geld fließt, bewegt sich auch eine Gesellschaft. Lässig erzählt er jenen Medien, denen er zum Teil finanziell kräftig unter die Arme greift, wie er alle Menschen des Planeten impfen wird. Gleichzeitig finanziert der größte Besitzer von landwirtschaftlichen Flächen in den USA nicht nur Atomkraftwerke mit seiner Firma „Terra Power", sondern auch geo-engineering-Projekte wie „SCoPEx" und „Marine cloud brightening".

Seine Hybris und sein Zynismus scheinen endlos zu sein, seine Fähigkeit zur Empathie aber enden wollend. Dies zu behaupten, wirkt ja heutzutage beinahe blasphemisch, aber es muss benannt werden. In einer eigentümlichen Verquickung von rechtem Neoliberalismus und linkem Kommunismus wird die Welt zu einem Spielball transhumanistischer Ideen. Auf den ersten Blick wirkt die unheilige Allianz paradox, auf den zweiten findet sich alsbald die Verbindungslinie.

Kapitalismus, Neoliberalismus und Kommunismus lieben die Maschine, die Megamaschine. Sie sind im Kern zutiefst materialistisch. Silicon Valley und China kreieren als Tandem eine schöne, neue Welt.

Klaus schwabt den Transhumanismus in diese Welt, er ist einer der Kommunikatoren dieses biotechnologischen Kults. Die vierte industrielle Revolution, das Internet der Dinge, macht den Menschen selbst zum Ding. Der Transhumanist und Eugeniker Julian Huxley lieferte schon vor hundert Jahren die Steilvorlage für den dystopischen Roman seines Bruders Aldous Huxley und gilt als Vordenker dieses geistentleerten Weltbildes. Wer auf die mahnende Stimme der Kirche, des ersten großen Weltkonzerns, hofft, der wird enttäuscht. Spiritualität war noch nie die Stärke der Amtskirche.

Eine posthumane Spezies am materialistischen Olymp

Wir erleben gerade den Übergang von einer religiösen Kirche in eine wissenschaftliche. Der religiöse Kult setzte auf die Gestaltung mittels Religion, der wissenschaftliche Kult auf die Formung mittels Wissenschaft. Schlussendlich mündet letztgenannter Kult in einen Transhumanismus, wo Mensch und Maschine ineinander verschmelzen sollen. Gen-, Bio-, Nano- und Quantentechnologie, KI usw. sind die Fackelträger auf dem Weg zum materialistischen Olymp.

Eine posthumane Spezies winkt befremdlich aus der Zukunft. Der gescheiterte Materialismus versucht noch einmal, sich selbst zu überleben, indem er neue Identitäten kreiert. Der optimierte Mensch zwischen Cyborgs, Robotern und KI-Identitäten! Unsere Kinder, Ausdruck des Lebendigen, werden seit dem Bologna-Prozess zusehends als Kompetenzbündel definiert.

Der Weg ist nicht mehr weit, bis sie auf Datenpakete reduziert und in den transhumanistischen Prozess eingespeist werden. Gentechnisch veränderte Kinder, die in vielen Bereichen ständig upgedatet werden – unter anderem mit Impf-Abos - und von einem Avatar-Programm mittels KI unterrichtet werden? „Drei Dinge sind uns aus dem Paradies geblieben: die Sterne der Nacht, die Blumen des Tages und die Augen der Kinder", meinte der Dichter Dante Alighieri.

Exakt diese Wahrnehmung des Lebendigen fehlt dem Transhumanismus und seinen Apologeten vollends. Blind ist der Transhumanist für die Schönheit des Lebens. Er hat das Staunen verlernt, jener tiefen seelischen

Regung, die am Beginn jeder echten Religion, Wissenschaft und Kunst steht. Legendär ist der tief-fragende Blick von Yuval Noah Harari, als ihn Mark Zuckerberg zum Interview geladen hatte. Harari vermittelte den Eindruck, als würde er nach einer Seele, einem Herzen, im Gegenüber suchen. Es sind aktuell keine einfachen Zeiten für den Homo sapiens...

Der Transhumanismus hat keinen offenen Blick, seine Wahrnehmungsbrille ist auf Ressourcenausbeutung fokussiert, nicht auf die Entfaltung des innewohnenden Potentials. Die Verherrlichung der Technik übersteigt die Liebe zum Menschen selbst. Das Paradies des Transhumanismus ist die kalte Hölle selbst.

Die Verzweckung des Lebendigen ist ihm angelegt. Während er den Tod besiegen möchte, sieht er überall nur formbares, totes Material. Nichts hilft dem Transhumanismus mehr als die Angst vor dem Leben und dem Tod.

Und Corona steht exemplarisch für den verdrängten Tod, für die Angst vor diesem. Somit ist der Nährboden für diese wissenschaftliche Pseudoreligion ohne Transzendenz bestens aufbereitet. Die Masse der Menschheit wird sich angesichts der Bedrohung durch den Tod zumindest anfänglich in den Marsch Richtung Transhumanismus eingliedern, ohne zu erkennen, wohin der Weg tatsächlich führt.

Der Verlust der Innenseite des Lebens

Warum sehen wir nicht, dass man uns in einen Biocomputer transformieren will, der nach jedem Virenbefall einem Great Reset unterzogen wird? Warum erkennen wir nicht, dass wir als Daten-Bodenschätze gemint werden – und falls wir nicht mitspielen, vom öffentlichen Leben ausgeschlossen werden?

Warum bemerken wir nicht, dass die private Sphäre dafür geopfert wird und wir einem Überwachungsstaat, einem internationalen Überwachungsimperium für einige wenige globale Spieler ausgeliefert werden? Sehen wir die Entmündigung dahinter nicht? Impfpass, Ausgangsbeschränkungen usw. sind nur der Probegalopp für einen digital-biotechnologisch-technokratischen Ritt in den Transhumanismus.

Der Weg vom Impfpass in eine digitale Identität ist nur ein sehr kurzer. Der durchgescannte Mensch, der ausschließlich mit Dauerupgradings seines Identitätsausweises den Weg in das öffentliche Leben passieren darf. Ein entwürdigender Abgesang auf unverhandelbare Grundrechte. Bemerken wir nicht, dass dies ein Krieg gegen das Leben, gegen das Menschsein selbst ist?

Es ist aktuell von unfassbarer Dringlichkeit, das Weltbild wahrzunehmen, das sich anschickt, sich unter der Oberfläche auszurollen – in einer großen Wucht und von vielen unbemerkt. Die Corona-Impfung ist bloß die

Sp(r)itze des kalten, transhumanen Eisbergs. Die pandemische Oberfläche bietet so viele Ungereimtheiten, dass es jedem hellen Geist schwerfällt, sich darauf einen Reim zu machen. Und folglich lenkt sie mit ihrer an Folter grenzenden Inkohärenz von dem dahinterliegenden Szenario ab.

Ist es im Wesentlichen nicht die Angst, die das Denken blockiert? Genau jene Angst führt unweigerlich in eine Erstarrung, in ein Schauspiel des Todes, in einen äußerlich-oberflächlichen Todeskult. Die Innenseite des Lebens blendet der Transhumanismus völlig aus, nur die glatt polierte Oberfläche blinkt verführerisch.

Das Abstandhalten, die Maske, das Verbot von Berührung, der Verlust der Spontanität aufgrund der Maßnahmen, das Verbot von Feiern, der rein virologische Tunnelblick, die Reduzierung des Menschen auf eine Fallzahl, auf einen Teil einer epidemiologische Kurve, auf einen Biocomputer, der nach Virenbefall einem Great Reset unterzogen werden soll, war und ist die Vorbereitung für eine schöne, neue Welt, in der Poesie, Tanz, Musik, Lebendigkeit, Freiheit, Spontanität, Humor, Kreativität, Natur und Würde ihren Raum verlieren. Der Mensch wird zu einem Objekt, das von einigen wenigen bedient werden kann. Seine Innenseite, seine Subjektivität scheinen verloren.

Er wird als Ressource in einem völlig neuen Ausmaß eingegliedert in die Ausbeutung der Ressourcen der Natur.

Er selbst wird zur Mega-Ressource, zu einer Supermine, die mit dem Mega-Mind einer KI gemint werden kann. Letztendlich wird er in ein Datenpaket transformiert und in Lichtgeschwindigkeit als Information durch das Netz geschickt, um den reibungslosen Ablauf des Informationsprozesses zu gewährleisten.

Die Impfung kann in diesem Zusammenhang als Initiationsritus, als das heilige Sakrament der Taufe in die transhumanistische Kirche gesehen werden – symbolisch wie auch biologistisch. Das genbasierte, prophylaktische mRNA-Therapeutikum und die kommenden DNA-Impfstoffe entspringen einer neuen Technologie, bei der genmanipulierte Substanzen zum Einsatz kommen. Wurde die Genmanipulation bis vor kurzem noch kritisch gesehen, gilt sie nun als Hoffnungsträger in einer kalten Welt.

Der Kopfstand des Transhumanismus und der Verlust der Ekstase

Im Kern verliert der Mensch seine Fähigkeit zur Ekstase, denn diese setzt Geist und Transzendenz voraus, die Verbindung von Himmel und Erde. Eine neue Flacherde entwickelt sich, das Runde, die Ganzheitlichkeit, gehen mit einem Missbrauch der Wissenschaft verloren.

Der Transhumanismus fühlt nicht. Sinnlichkeit und Sinn sind ihm fremd. Das große Geheimnis spürt er nicht.

Seele, Herz und Geist erinnern ihn an das Leben, das er fürchtet. Am liebsten gibt er sie der Lächerlichkeit preis oder verschweigt sie. In seinem Kopfstand produziert er Totgeburten. Er selbst ist eine. Sein einziges Idol ist der abgespaltene Intellekt, den er auch auf leblose Maschinen externalisiert. Sein Symbol ist der flache Kopf.

Kein Wunder bei seinem ewigen Kopfstand. Sein Horizont ist der Bildschirm. Die fünf Sinne, die er missbraucht und schwächt, sind seine Wahrnehmungsgrenze. Sie sind die vier Wände und die Decke jener Fabrik, inmitten der er seine Ideen (in Denkfabriken) gebiert.

Er spaltet, er spaltet das Leben ab und löscht das Feuer. Er erkennt nicht, dass der Planet beseelt ist und klingt. Er sieht die Welt verkehrt und verliert sich im Außen.

Die Rebellion der Poesie

In seiner subjektiven Erkenntnisfähigkeit ist der Mensch aber ein Würden- und kein Virenträger, der von außen gerettet werden muss. Die Abschaffung des Geistes, der Subjektivität, lässt den Menschen ohne Individualität marschieren. Es ist Zeit, zwischen den Gleisen der Konformität zu tanzen, aus diesem Unsinn, dieser Sinnlosigkeit auszubrechen.

Die Rebellion der Poesie ist gefragt. Nicht umsonst sind es die Mystiker, Poeten und Künstler, deren sich totalitäre Systeme zuerst entledigen. Und nicht von ungefähr sind es die Kinder, Jugendlichen und ältesten Menschen, die in der Pandemie der Panik vergessen wurden. Sie erinnern an das Lebendige und an den Tod.

Die funktionierende Mitte will aber daran nicht erinnert werden, denn das Risiko eines gelebten Lebens erscheint zu hoch.

Das Leben zu inhalieren, das ungesicherte Leben zu führen heißt auch, der Tiefe und Höhe des eigenen Wesens zu begegnen. Wie klingen wohl die Gedichte von Transhumanisten, welche Musik komponieren sie, welche Theaterstücke wird man genießen können, wie witzig sind ihre Kabaretts? Wie tanzen sie? Lachen sie, haben sie Humor? Oder leben sie in einer Welt der angeblichen Fakten, in der alles völlig vermessen vermessen wird?

Ich fürchte mich so vor der Menschen Wort.
Sie sprechen alles so deutlich aus:
Und dieses heißt Hund und jenes heißt Haus,
und hier ist Beginn und das Ende ist dort.
Mich bangt auch ihr Sinn, ihr Spiel mit dem Spott,
sie wissen alles, was wird und war;
kein Berg ist ihnen mehr wunderbar;
ihr Garten und Gut grenzt grade an Gott.
Ich will immer warnen und wehren: Bleibt fern.
Die Dinge singen hör ich so gern.
Ihr rührt sie an: Sie sind starr und stumm.
Ihr bringt mir alle die Dinge um.

Die Rettung des Menschseins

Rainer Maria Rilke, der österreichische Dichter, geküsst vom Engel der Poesie, spricht sie an, diese Dimension des Heiligen, des Unantastbaren, welche einem neuen Kult geopfert werden soll. Das Wunder Leben, das sich auf unfassbar individuelle Weise auszudrücken vermag, will gerettet werden. Die Labore dieser Welt, die Technik selbst, sind angehalten, dem Leben zu dienen.

Die Technik ist eine Tochter des Lebens, nicht die Mutter dessen. Eros darf wieder auf der Bühne erscheinen und das Leben verzaubern, der Heilige Narr seine Späße treiben. Kinder lachen wieder. Der Todestrieb der Lemminge, in der Angst vor dem Tod wurzelnd, verwandelt sich von einem Marsch des Todes in einen Tanz des Lebens.

Es geht um die Rettung des Lebendigen, des Bunten, der Biodiversität, der Be-geist-erung, des Menschseins selbst. Der Mensch ist der Aufrechte, gehimmelt und geerdet. Die Freiheit ist ein Vogel, der Sicherheitswahn hat einen. Er betoniert die krummen Wege gerade, verwandelt die Vielfalt in eine Monokultur.

Wir sind dazu aufgerufen, der Löwenzahn zu sein, der durch die Decke des Asphaltes bricht. „Die gerade Linie ist gottlos", meinte Hundertwasser zu Recht. Die Reduzierung auf Linearität, auf Materie, ist eine erbärmliche Illusion. Es ist eine Sackgasse, den Planeten in ein außerirdisches Science-Fiction-Movie zu transformieren.

Vielmehr ist es an der Zeit, die Pandemie der Angst zu heilen. Und es ist an der Zeit, mit der Angst zu tanzen und sich der Innenseite des Lebens zuzuwenden.

Dann werden wir erwachsen, erwachen wir. Wir sind keine marschierenden Soldaten, vielmehr friedvolle Krieger, die tanzen.

Von Diktaten und Gedichten

Die Rückkehr der Angstpädagogik aber befeuert die Technik des Diktates und eliminiert die Kunst des Dichtens.

Wir jedoch sind Gedichte, die sich selbst erzählen, und keine Diktate. Wenn wir dies verstehen, schreiben wir Geschichte. Es liegt an uns, dem Leben mit Gedichten zu antworten und sich keine Diktate „von oben" diktieren zu lassen. Diktatoren leben vom Genre Diktat.

Wir aber sind angehalten, Gedichte und Geschichte zu schreiben. Das Ende der Hierarchie beginnt mit dem Gedicht, das dem Leben antwortet, es beginnt mit der Verantwortung für uns selbst und dem Leben gegenüber. Nehmen wir das Leben doch selbst wieder in die Hand.

Der Glaube an äußere Autoritäten ist wohl der größte Aberglaube. Der Glaube, äußere Autoritäten würden es ausschließlich gut mit uns meinen, ist seine infantilste

Form. Wir sind aufgefordert, autoritäre Diktate in selbstbestimmte Gedichte zu transformieren, Poeten des Lebens zu werden. Entweder wir sind ein Gedicht in einem Land der Dichter und Denker oder aber ein Diktat in einer Diktatur. Der Lärm des Krieges darf sich wandeln in Musik, die sich am Morgen aus dem Nest der Stille erhebt, um abends wieder in dieses zurückzukehren.

Der wahre Übermensch ist jener, der sein Herz wiederentdeckt, der sein Feuer inmitten der neuen Kälte erneut entfacht, der den Indigenen in sich zu retten vermag. Er ist keine gefallene Zahl, keine inkohärente Fallzahl, keine Mischung aus Null und Eins. Er kennt seinen Wert und lässt sich diesen nicht nehmen und an Bedingungen knüpfen.

Der Mensch ist weder sündig noch krank. Er ist keine Ressource, die ihren Wert fremdbestimmt dafür erhält, dass sie nach den Kriegstrommeln anderer marschiert. Der Wert des Menschen liegt in ihm selbst, nicht darin, dass er ihn exakt bei jenen sucht, die ihn zuvor entwertet haben.

Es ist nicht die Produktivität, nicht das brave Befolgen vorgegebener Regeln, die Annahme einer fremdbestimmten Identität, die Teilnahme an einem Kult, die ihn wertvoll machen. Den eigenen Wert zu externalisieren war eine leidvolle Illusion. Wir sind eingeladen, nach innen zu gehen, die Bindung an das Äußere aufzugeben und uns als das Subjekt zu erkennen, das wir sind. Unser Wert liegt nicht außen und er ist an nichts gebunden. Der Mensch ist keine Ware, er ist das Wahre. Er ist nicht der Schein des Objekts, sondern das Sein des Subjekts. Er ist nicht Angst, sondern Liebe.

Eines Tages, nachdem wir die Winde, die Wellen,
Ebbe und Flut und die Gravitation gemeistert haben,
werden wir uns auch die Energien der Liebe nutzbar machen.
Und dann, zum zweiten Mal in der Geschichte unseres
Planeten, wird der Mensch das Feuer entdecken.
(Teilhard de Chardin)

Die Entfachung des Feuers inmitten der Dunkelheit

Und noch nie war es so einfach wie in dieser Zeit, wunderbare Menschen, Begegnungen zu erleben, denn im Dunkeln sieht man die Lichter am besten. Entfachen wir das Feuer wieder gemeinsam und teilen wir es, denn geteiltes Feuer vermehrt sich, breitet sich aus wie Lauffeuer.

Der Transhumanismus jedoch ist die Antithese zum Feuer der Ekstase. Er kennt die Wärme des Menschseins nicht, seine Sprache ist nicht jene der Poesie, des Herzens. Liebe ist ihm ein Fremdwort, der Raum ist ihm unbekannt. Verbindung vermag er nur technisch zu denken. Er strebt danach, die natürliche Matrix durch eine künstliche zu ersetzen.

Der tanzende Gott und das Narrenschiff

„Die Tanzenden wurden für verrückt gehalten von denjenigen, die die Musik nicht hören konnten", soll Nietzsche angeblich gemeint haben. Künstler, Poeten, Musikanten, Mystiker: Verlasst die Titanic des Technikwahns und tanzt auf das rettende Narrenschiff Richtung Utopia – in der Sehnsucht nach einer neuen Menschlichkeit.

Der tanzende Gott wird uns retten, nicht die gerade Linie und keine Nadel. Es ist Zeit zu tanzen, das Angstvirus zu verkochen, die Sexualität wieder als heilig zu ehren, sich auf dem Planeten als Einheimischer zu erleben. Der Duft des Lebens ist in Laboren und vor Bildschirmen nicht zu finden.

Die Spontanität des Lebens findet sich in der inneren und äußeren Natur. Und wenn diese Subjektivität in der Ekstase des Lebens tanzt, dann darf Technik auch das Leben bereichern. Die Struktur dient nun mal dem Leben. Im Kopfstand lässt es sich nur schwer tanzen. Auf das Leben. Auf die Poesie.

Auf die Narren dieser Welt! Es ist Zeit zu lachen und dem Lebensverneinenden das Handwerk zu legen. Wir sind es wert. Werden wir zu Poeten der Freiheit, des heiligen Widerstands. Der Transhumanismus ist nichts als eine selbstgefällige Täuschung. Oder letztmalig mit Old Man Coyotes Worten in „Feuer ins Herz – Wie ich lernte, mit der Angst zu tanzen":

„Riskiere den Kopfsprung ins Herz. Und wenn du auftauchst, dann tanze nackt in der Sonne, während andere in ihren Uniformen an dir vorbeimarschieren. In unsicheren Zeiten marschieren viele im Gleichschritt mit der Herde der Unbewussten. Du aber tanze. Gerade, wenn alles auf wackeligen Beinen steht, ist es der Tanz des Lebens, der dich trägt, und nicht der Marsch des Todes. Auf die Lebendigkeit und das Leben. Prost!"

Die große Zeit der Selbstermächtigung

Es ist Zeit, die eigene Autorität anzunehmen, der eigenen Stimme zu folgen.

Selbstbestimmt segeln wir unserem eigenen Utopia entgegen. Wir verlassen den schmutzigen Hafen unserer Angst.

Niemand außerhalb von uns wird uns retten: keine Partei, kein Führer, keine Ideologie, kein Raumschiff, keine äußere Autorität. Wir sind unsere eigenen Helden. In dieser neuen Haltung dürfen wir, sollte es unsere Aufgabe sein, auch Parteien gründen, uns vernetzen, Strukturen schaffen. Aber wir folgen niemandem mehr, wir folgen uns selbst. Das ist unser wahrer Er-folg.

Wir schreiben eine Unabhängigkeitserklärung von Autoritäten – wir sind unsere eigene Autorität.
Wir schreiben eine Unabhängigkeitserklärung vom Massenbewusstsein. Wir sind souveräne Wesen.
Und wir schreiben eine Unabhängigkeitserklärung von der Angst, denn wir sind Liebe.
Die „Liberty bell" des Herzens läutet eine neue Freiheit ein, eine neue Zeitrechnung beginnt.

Auf, ihr Löwen, die viel zu lange glaubten, Schafe zu sein! All das Drama rund um uns, es soll uns nicht mehr verführen. Wir geben den Krieg gegen dieses auf und erheben uns aus den Feldern der Angst, Entwürdigung und Spaltung.

Wir sind unsterbliche Wesen, gesegnet und ewig frei. Treten wir das Erbe an und halten die Fackel der Freiheit und unseres inneren Lichtes hoch.
Bleiben wir uns treu.
Wir sind die, auf die wir gewartet haben.

*Heilige Narren,
Clowns, Trickster –
vereinigt euch.
Der Zustand dieser Welt
ist viel zu ernst!*

Dank und Erklärung

Zuallererst möchte ich mich bei Ihnen bedanken, liebe Leserin, lieber Leser.

Möge Sie das Buch ein klein wenig bereichern dürfen. Ich möchte mich auch bei meiner Frau Irene, unseren beiden Kindern, unserem Kater Fredi, meiner größeren Familie und allen Freunden und Bekannten bedanken, die mich inspirieren und mich immer wieder tatkräftig unterstützen.

Ein herzliches Dankeschön gilt auch dem Verleger Dirk Kohl, der mit der Idee an mich herantrat, viele meiner „verstreuten" Texte in einem Buch zu bündeln.

Vielen Dank auch an das Leben selbst. Es ist ein Wunder, Teil von diesem sein zu dürfen, auch wenn es sich aktuell für uns alle nicht immer einfach gestaltet. Möge diese Zeit Teil des Geburtsprozesses sein, an dessen Ende eine lichtere und herzlichere Welt auf uns wartet.

Über den Autor

Gerald Ehegartner ist Lehrer, Wildnis- und Theater-pädagoge, Visionssucheleiter und Autor. Er ist Teil des Teams „Lernwelt" und der „Akademie für Potentialentfaltung". Mit einer Kollegin gründete er das erste österreichische Naturpädagogik-Wahlpflichtfach namens „Abenteuer Natur". *https://gerald ehegartner.com/*

Seine Trickster-Romane gelten als originell-humorvolle, gesellschaftskritische Bücher, die von bekannten Persönlichkeiten wie Konstantin Wecker, Gerald Hüther oder dem Jane-Goodall-Institut Österreich hervorragend rezensiert werden. „Kopfsprung ins Herz – Als Old Man Coyote das Schulsystem sprengte" setzt sich dabei kritisch mit der fehlenden Lebendigkeit des Bildungssystems auseinander. *https://www.kamphausen.media/ kopfsprung-ins-herz/t-9783958834545*

„Feuer ins Herz – Wie ich lernte, mit der Angst zu tanzen" ist der aktuelle Nachfolgeroman, der auch für sich selbst gelesen werden kann. Er ist wie sein Vorgänger ein tiefsinnig-humorvolles Plädoyer für Lebendigkeit